Gwendolin Lauterbach

Zu Gast in China

Interkulturelles Lernen in chinesischen Gastfamilien:
Eine Längsschnittstudie
über die Erfahrungen deutscher Gäste

KULTUR – KOMMUNIKATION – KOOPERATION

herausgegeben von Gabriele Berkenbusch und Katharina von Helmolt

ISSN 1869-5884

1 *Gabriele Berkenbusch und Doris Weidemann (Hrsg.)*
Herausforderungen internationaler Mobilität
Auslandsaufenthalte im Kontext von Hochschule und Unternehmen
ISBN 978-3-8382-0026-2

2 *Vasco da Silva*
Critical Incidents in Spanien und Frankreich
Eine Evaluation studentischer Selbstanalysen
ISBN 978-3-8382-0036-1

3 *Gwendolin Lauterbach*
Zu Gast in China
Interkulturelles Lernen in chinesischen Gastfamilien:
Eine Längsschnittstudie über die Erfahrungen deutscher Gäste
ISBN 978-3-8382-0082-8

4 *Katharina Bertz*
Akkulturationsmodelle in der aktuellen Forschung
Metaanalyse neuester wissenschaftlicher Studien über Akkulturation
ISBN 978-3-8382-0126-9

5 *Sabine Emde*
Immigration und Schwierigkeiten im deutschen Alltag
Eine chinesische Migrantin in Deutschland
ISBN 978-3-8382-0101-6

Gwendolin Lauterbach

ZU GAST IN CHINA

Interkulturelles Lernen in chinesischen Gastfamilien:
Eine Längsschnittstudie
über die Erfahrungen deutscher Gäste

ibidem-Verlag
Stuttgart

Bibliografische Information der Deutschen Nationalbibliothek
Die Deutsche Nationalbibliothek verzeichnet diese Publikation in der Deutschen Nationalbibliografie; detaillierte bibliografische Daten sind im Internet über http://dnb.d-nb.de abrufbar.

Bibliographic information published by the Deutsche Nationalbibliothek
Die Deutsche Nationalbibliothek lists this publication in the Deutsche Nationalbibliografie; detailed bibliographic data are available in the Internet at http://dnb.d-nb.de.

∞

Gedruckt auf alterungsbeständigem, säurefreien Papier
Printed on acid-free paper

ISSN: 1869-5884

ISBN-10: 3-8382-0082-9
ISBN-13: 978-3-8382-0082-8

Printed in Germany

Inhaltsverzeichnis

Einleitung

Meine Liste an Gastfamilienaufenthalten ist über die Jahre recht lang geworden: ein einwöchiger Schüleraustausch und ein Jahr als Au-Pair in Großbritannien, zwei jeweils dreimonatige Gastfamilienaufenthalte in der Volksrepublik China[1] und ein weiterer – im Rahmen dieses Forschungsvorhabens. Sie alle sind Abschnitte meines Lebens, die mir mehr oder weniger gefallen haben, an die ich mehr oder weniger häufig zurückdenke, denen ich mehr oder weniger Bedeutung für meinen weiteren Lebensweg beimesse.

Nicht nur mit fremden, sondern gar fremden Personen anderer Nationalität für einen längeren Zeitraum in einem fremden Land zusammen zu wohnen und tägliche Gewohnheiten zu teilen, ist eine Entscheidung von hoher Tragweite, denn ein solcher Kulturkontakt im familiären Rahmen ist in der Regel sehr intensiv. Sich dafür China – ein Land, das noch immer ‚Exotenstatus' hat – auszusuchen, ist demnach alles andere als gewöhnlich.

Welche Erfahrungen macht man in chinesischen Gastfamilien? Wie erlebt man diese Zeit, was fällt schwer – was fällt leicht? Es gibt eine Menge ungeklärter Fragen, vor allem für diejenigen, die solch einen Aufenthalt planen. Häufig stellt sich dieser als Herausforderung dar, sich mit einer fremden Lebensweise und Sprache, unbekannten Traditionen und Bräuchen zurechtzufinden. Die ausländischen – in diesem Falle die deutschen – Gäste versprechen sich in der Regel positive Auswirkungen verschiedenster Art – so wollen sie zum Beispiel etwas über Land, Leute und Kultur lernen. Inwiefern ist das möglich? Was kann alles gelernt werden und vor allem: wie läuft Lernen im Rahmen eines Gastfamilienaufenthaltes ab?

Beim Kontakt mit einer anderen Kultur macht man mit Sicherheit Erfahrungen, die von den gewohnten abweichen. Diese können als positiv oder negativ wahrgenommen werden; sie werden verarbeitet und lösen Veränderungen aus. Was und wie dabei gelernt wird, kann ganz unterschiedlich sein und wurde bisher nur ungenügend untersucht: in Bezug auf interkulturelle Lernprozesse im Allgemeinen, auf Gastfamilienaufenthalte und auf Gastfamilienaufenthalte in China im Besonderen.

---

[1] Im Folgenden als VR China oder China bezeichnet.

In der hier vorliegenden wissenschaftlichen Untersuchung sollen deshalb die Erfahrungen von Deutschen in chinesischen Gastfamilien untersucht und darauf aufbauend soll analysiert werden, welche Konsequenzen sich für interkulturelles Lernen ergeben. Stimmt es, dass sich Gastfamilienaufenthalte eigentlich immer positiv auswirken (Bachner/Zeutschel 2009b, 14)? Welche Erfahrungen werden gemacht und welche individuellen Veränderungen ergeben sich daraus? Diese können sich auf das Beherrschen einer Fremdsprache, die eigene Sicherheit im Umgang mit Gastlandsangehörigen, Wissen über die Kultur und vieles mehr beziehen. So unterschiedlich die Auswirkungen von Gastfamilienaufenthalten sein können, so vielfältig sind auch die Einflüsse darauf. Deswegen ist es von Bedeutung, den individuellen Prozessen und Sichtweisen Beachtung zu schenken, um diesen Ausschnitt aus dem Leben hinreichend untersuchen zu können.

Zu Anfang wird im theoretischen Teil dieser Studie der Forschungsstand dargestellt. Dieser wird kritisch beleuchtet und nutzbar gemacht. Zu Beginn ist es deshalb unerlässlich zu bestimmen, was unter interkulturellem Lernen überhaupt verstanden wird. Da die Veränderungen, die sich durch Erfahrungen ergeben, vielfältig sein können, ist eine Eingrenzung zu treffen. Des Weiteren sollen Gastfamilienaufenthalte näher beleuchtet werden: Was zeichnet einen solchen aus und vor allem: welche Auswirkungen hat das Leben in einer Gastfamilie auf den ausländischen Gast?

Im Kapitel zur Durchführung des Forschungsprozesses werden Methoden, Teilnehmer und Durchführung dargestellt. Ein qualitativer Forschungsansatz ist für diesen noch recht unerforschten Bereich und für die Betrachtung individueller Lernprozesse notwendig. Deswegen werden deutsche Gäste zum Zeitpunkt ihres Aufenthaltes in chinesischen Gastfamilien in zwei, in einem Abstand von einem Monat stattfindenden, Interviews nach ihren Erfahrungen befragt.

Im Ergebnisteil werden schließlich die gewonnenen Erkenntnisse dargestellt und mit Hilfe von Einzelfallanalysen und einer fallübergreifenden Darstellung von Erfahrungssituationen anschaulich gemacht. Eine Zusammenfassung bildet den Abschluss und wird noch einmal aufzeigen, was sich alles hinter dem Leben in einer Gastfamilie verbergen kann.

1. Interkulturelles Lernen im Ausland

1.1 Begriffliches

Die Forschung, welche sich mit interkulturellen Lernprozessen im Ausland befasst, hat eine Vielzahl an Theorien und Modellen hervorgebracht, die durch Heterogenität, aber auch Defizite gekennzeichnet sind: Dies ergibt sich aus der theoretischen Anbindung an verschiedene zugrunde liegende Disziplinen, aus unterschiedlichen Zielsetzungen und aus der unterschiedlichen Verwendung von Begrifflichkeiten. Interkulturelle Kommunikation und interkulturelles Lernen werden unter anderem in der Psychologie, Pädagogik, Sprachwissenschaft und deren Subdisziplinen sowie durch integrative Ansätze disziplinübergreifend untersucht, nicht zuletzt um Erwartungen an interkulturelle Trainings zu erfüllen (vgl. Kammhuber 2000; Landis/Bennett/Bennett 2006).

Als übergeordneter Forschungsbereich ist die Akkulturationsforschung anzusehen. Sie untersucht Veränderungsprozesse, die sich in Reaktion auf einen Kulturkontakt einstellen und lässt sich in die Forschung zu *Akkulturation* und zu *interkulturellem Lernen* unterteilen (Weidemann 2007, 488). Beide Begriffe überschneiden sich teilweise, erfahren jedoch häufig keine hinreichende Abgrenzung, obwohl sie durch wesentliche Unterschiede gekennzeichnet sind:

Akkulturation bezeichnet Anpassungsprozesse in Reaktion auf den eben genannten Kulturkontakt (Ward 1996, 124). Diese Prozesse sind zwar ergebnisoffen und bezeichnen nicht notwendigerweise eine Annäherung an die Gastkultur, trotzdem steht die Passung zwischen einer Person und ihrer fremdkulturellen Umwelt im Mittelpunkt. Dies lässt sich auch daran erkennen, dass in der Regel Flüchtlinge und Immigranten als Forschungsobjekte ausgewählt werden, deren Anpassungsgrad an einen fremden Alltag betrachtet wird. Akkulturation befasst sich vorwiegend mit der generellen Befindlichkeit einer Person und einer Betrachtung der Makro-Ebene, individuelle *Veränderungen* werden jedoch kaum analysiert.

Interkulturelles Lernen setzt sich damit stärker auseinander: Das lernende Subjekt erfährt genauere Betrachtung, indem die qualitativen Stadien seines Lernfortschrittes analysiert werden. Dabei werden seine individuellen Sichtweisen und Voraussetzungen einbezogen. Im Gegensatz zur Akkulturationsforschung bezieht sich die Forschung zu interkulturellem Lernen eher auf Fach- und Führungskräfte als auf Immigranten (Weidemann 2007, 495f.).

Da in der vorliegenden Studie Lernprozesse von Deutschen in Gastfamilien qualitativ untersucht werden sollen, erweist sich Akkulturation als unpassend und zu stark eingrenzend. Die Nutzung des Konzeptes ‚interkulturelles Lernen' ist aufgrund der oben genannten Vorteile gegenüber Akkulturation angebrachter und wird nachfolgend expliziert.

1.2 Interkulturelles Lernen

1.2.1 Grundlagen

Lernen

Für eine Konzeptualisierung ist zunächst zu bestimmen, worauf sich ‚Lernen' bezieht: Die Lebensumwelt eines Lerners besteht aus der natürlich vorgefundenen Umwelt, mit der der Lerner unmittelbar interagiert, und der absichtsvoll gestalteten Umwelt – dem Lernsystem. Lernen kann zudem explizit erfolgen, wenn konkrete Lernziele bestehen, oder implizit, wenn der Lerner keine bestimmten Lernziele hat (Mayer 2002, 20/225f.).

Im Falle eines Gastfamilienaufenthaltes handelt es sich um die natürliche Umwelt, da keine explizite Gestaltung dieser zu Lernzwecken erfolgt. Der Gast selbst verfolgt bei einem solchen Aufenthalt in der Regel keine expliziten Lernziele. Seine Gründe für die Entscheidung in einer Gastfamilie zu wohnen beziehen sich eher darauf, neue Erfahrungen zu machen und eventuell die Fremdsprache zu erlernen. (Eine genauere Darstellung der Gründe und Ziele erfolgt im Kapitel über Gastfamilienaufenthalte.)

Da im vorliegenden Fall individuelle Lernprozesse untersucht werden sollen, findet der psychologische Lernbegriff Anwendung. (Eine pädagogische Definition erscheint weniger geeignet, da bei dieser eine Zieldimension interkulturellen Lernens im Mittelpunkt steht und Prozesse sowie individuelle Sichtweisen nicht hinreichend Beachtung finden.) Lernen bezeichnet hier demnach:

> [...] einen Prozeß [...], der zu relativ stabilen Veränderungen im Verhalten oder im Verhaltenspotential führt und auf Erfahrungen aufbaut. Lernen ist nicht direkt zu beobachten. Es muss aus den Veränderungen des beobachtbaren Verhaltens erschlossen werden. (Zimbardo 1992; in Weidemann 2004, 35)

Interkulturelles Lernen ist somit durch drei Faktoren bestimmt: Dem Auslöser von Veränderungsprozessen (Erfahrung), dem Lernprozess selbst und dem Ergebnis des Lernprozesses (Veränderung) (vgl. Weidemann 2004, 39; Taylor 1994, 158). Und es ist abhängig von einer Variable: der Umwelt.

Dass die Umwelt hier, in Bezug auf China, fremdkulturell ist, macht eine genauere Betrachtung der Einflussgröße Kultur notwendig. Der Lernprozess selbst ist nicht interkulturell, sondern läuft ebenso ab wie anderes Lernen. Dahingegen können die zugrunde liegende Erfahrungssituation und die Veränderungen beim Lerner interkulturell geprägt sein und damit den Charakter des Lernprozesses beeinflussen. Da im zeitlichen Rahmen einer solchen Untersuchung außerdem die Lern*prozesse* selbst nicht hinreichend erforscht werden können, erfolgt im weiteren Verlauf die Konzentration auf a) die Rolle der Kultur, b) die Erfahrungssituation und c) die Veränderungen von Verhalten und Verhaltenspotential.

Interkulturelles Lernen

Für die Betrachtung der Umwelt und damit der Bedeutung von Kultur soll sich diese Studie in den Kontext der *interkulturellen* Psychologie eingliedern. Nach Philipp beschäftigt sich diese mit den „psychischen Bedingungen, Verlaufsprozessen und Wirkungen menschlichen Erlebens und Verhaltens in interkulturellen Situationen und verläßt damit die Ebene kulturkontrastiver Fragestellungen“ (Philipp, 2003, 4). Grundlage bilden auch hier individuelle Prozesse und nicht die Gegenüberstellungen kultureller Differenzen.

Dennoch steht die Frage nach Interkulturalität im Mittelpunkt: Ist Lernen schon als interkulturell anzusehen, sobald die Umwelt des Lerners fremdkulturell ist? Erstens ist die häufig praktizierte, prinzipielle Zuordnung von Nation und Kultur nicht gerechtfertigt, da Individuen verschiedenen Orientierungssystemen gleichzeitig angehören können. Neben einer Nationalkultur kann das zudem eine Familien- oder Organisationskultur sein, deren Werte das Denken und Handeln ihrer Mitglieder besonders prägen. Zweitens muss überprüft werden, inwiefern eine Kultur von besonderer Bedeutung für den Verlauf einer Situation ist. Möglicherweise haben andere Faktoren mehr Einfluss darauf (Demorgon/Molz 1996, 62; in Layes 2007, 386).

Solche Faktoren, Kontextbedingungen genannt, können Lernprozesse stark prägen und sich auf soziale oder situative Rahmenbedingungen sowie persönliche Bedingungen beziehen (vgl. Ward 1996; Layes 2007). Sie beinhalten auf der einen Seite Faktoren wie Ort, Zeit und Länge des Kulturkontaktes, Veränderungen in den Lebensumständen und in der Art der Beziehungen zu Gastlandsangehörigen. Auf der anderen Seite lassen sich Charaktereigenschaften, Vorerfahrungen, Erwartungen, Motivation, Fremdsprachenkompetenz und vieles mehr finden.

Außerdem ist die Sprache ein wichtiger Faktor und nimmt im Kulturkontakt einen besonderen Stellenwert ein. Sie wird zum Teil als Kontextbedingung, in der Sprachwissenschaft als interkultureller Faktor betrachtet. Grundlage dafür bilden die unterschiedlichen Strukturen der Übermittlung und Dekodierung von Nachrichten, die zu Differenzen im Ausdruck zwischen Mutter- und Fremdsprachlern führen können. Zudem können unterschiedliche Sprachlevel Missverständnisse und Probleme zur Folge haben (Weidemann 2004, 38; Glaser 2005, 74).

Insgesamt wird deutlich, dass ein Bündel von Faktoren auf eine Situation einwirken kann. Untersuchungen wie die von Taylor, die sich mit interkulturellen Lernprozessen befassen, haben vor allem die biografischen Hintergründe eines Lerners als nicht zu unterschätzende Einflussfaktoren gezeigt (Taylor 1994, 169).

Es kann demnach problematisch sein, Lernen zweifelsfrei als interkulturell zu identifizieren. Im Folgenden wird deshalb bezogen auf Erfahrungen und Veränderungen stets zuerst die monokulturelle Dimension betrachtet, bevor auf die interkulturelle eingegangen wird, um ein Verständnis für individuelle Prozesse zu schaffen. Damit soll Offenheit sowohl für intra- als auch interkulturelles Lernen gewährleistet werden.

1.2.2 Erfahrungssituationen

Erfahrungen

Interkulturelles Lernen wurde bereits vielfach in Form von Phasen- und Stufenmodellen beschrieben (vgl. Grove/Torbiörn 1985, in Weidemann 2004; Bennett/Bennett 2006). Ihnen mangelt es jedoch an detaillierten Beschreibungen, wie es zu Lernprozessen kommt. Die Betrachtung konkreter Erfahrungssituationen könnte aber Aufschluss darüber geben, was genau Lernprozesse auslöst und wie Lernen beeinflusst wird. Für die Umsetzung von Theorien und Modellen in die Praxis, beispielsweise für interkulturelle Trainings, könnte dies von Nutzen sein.

Deswegen stehen die Erfahrungen in Gastfamilienaufenthalten in dieser Studie im Mittelpunkt und machen eine theoretische Auseinandersetzung notwendig:

> Als Erfahrung wird bezeichnet, was uns im Laufe unseres Lebens widerfährt. Üblicherweise geht es dabei um Interaktionen mit unserer Umwelt. Erfahrung umfasst die Aufnahme von Informationen (und deren Auswertung und Umsetzung) und die Äußerung von Reaktionen, die die Umwelt beeinflussen [...] Lernen vollzieht sich nur durch Erfahrung. (Zimbardo 1992; in Weidemann 2004, 36)

Wenn Erfahrungen gemacht werden, nimmt eine Person Informationen aus ihrer Umwelt auf, wobei jede Situation Lernmöglichkeiten beinhaltet. Nach Hopkins (1994) beginnen Menschen zu lernen, wenn sie mit Erfahrungen konfrontiert sind, die von ihren bisher gemachten abweichen. In diesen Situationen werden aufgrund bisheriger Kenntnisse bestimmte Handlungen und Verläufe erwartet. Wird dem nicht entsprochen, ist die Person mit einer Differenz konfrontiert und bestrebt, ein Gleichgewicht zwischen Soll und Ist wiederherzustellen, indem logische Themen gefunden werden, welche die Erfahrung erklären (in Kammhuber 2000, 42). In der Sozialpsychologie sind dies Wahrnehmungs- und Deutungsprozesse eines Individuums.

Wenn sich in der sozialen Interaktion Differenzen ergeben, da die Ansichten der Interaktionspartner, die sie übereinander haben, nicht mit dem tatsächlich Erlebten übereinstimmen, kann es zu Kommunikationsstörungen kommen. Dies ist bereits dann der Fall, wenn nur einer der Interaktionspartner wahrnimmt, dass seinen Erwartungen nicht entsprochen wird. Je nachdem, wie die Interaktionspartner das Verhalten des anderen interpretieren und wie sie darauf reagieren, können sich Schwierigkeiten in der Interaktion ergeben. Diese können Missverständnisse oder gar Konflikte sein (Layes 2007, 387).

Interkulturelle Erfahrungen

Eine Erfahrungssituation ist dann als *interkulturell* anzusehen, wenn in dieser unterschiedliche kulturelle Orientierungssysteme von Bedeutung für den Verlauf dieser Erfahrung sind. Das Differenzerleben in einer Erfahrungssituation, welches Lernprozesse auslöst, ist also nicht auf bloße situative oder persönliche Unterschiede zurückzuführen, sondern muss kulturelle Ursachen haben. Das Verhalten des Gegenübers ist bei mangelnder Kenntnis der fremden kulturellen Denk-, Bewertungs- und Handlungsmuster nicht hinreichend interpretierbar. Eine Interpretation wird in der Regel auf Grundlage des eigenkulturellen Orientierungssystems vorgenommen; stimmen beide Systeme nicht überein, werden Unterschiede wahrgenommen.

In interkulturellen Interaktionssituationen sind Missverständnisse und Konflikte wahrscheinlicher als in sozialen Interaktionssituationen: Layes nimmt an, dass Interaktionsschwierigkeiten häufiger auftreten, je unterschiedlicher die Handlungsfelder der Interaktionspartner sind (Layes 2007, 387). In interkulturellen Interaktionen ist das eher der Fall, da sich die Werte und Einstellungen der Interaktionspartner stärker unterscheiden als in monokulturellen Interaktionen.

Diese Art von Erfahrung, die von dem Lerner als negativ oder unangenehm empfunden wird, dissonant ist, nimmt im Kontext interkulturellen Lernens einen bedeutenden Stellenwert ein: Bereits in der Kulturschock-These (1960) beschreibt Oberg, dass die im Kulturkontakt wahrgenommenen Differenzen in der Regel verwirrend oder konfliktbehaftet für den Lerner sind (Leenen 2007, 775). Als Auslöser von Lernprozessen werden demzufolge meist Stresserlebnisse gesehen. Auch nach wie vor, so bemerkt Kammhuber, scheint „der kulturellen Dissonanzerfahrung [...] eine Schlüsselfunktion im interkulturellen Lernprozeß zuzukommen“ (Kammhuber 2000, 51). Obwohl dissonante Erfahrungen im Kulturkontakt wahrscheinlich sind und auch Lernmotor sein können, da das Differenzerleben in der Regel stark ist, fehlt es an einer hinreichenden Betrachtung positiver Erfahrungen im Kulturkontakt und deren Auswirkungen auf Lernprozesse.

Darüber hinaus ist von Interesse, wie Erfahrungen überhaupt gemacht werden und welche Zugänge zu Erfahrungen folglich bedeutend für interkulturelles Lernen sein können. Dies kann für Trainingsmaßnahmen, in denen die Umwelt (und damit auch die Entstehung der Erfahrungen) absichtsvoll gestaltet wird, von Bedeutung sein. Nach Taylor (1994) resultieren interkulturelle Erfahrungen vor allem aus Beobachtung, handelnder Teilnahme und dem Eingehen von Freundschaftsbeziehungen (in Weidemann 2004, 52).

Für die Untersuchung von Erfahrungssituationen in Gastfamilien ergeben sich deshalb die Fragen: Welche Erfahrungen sind das im Einzelnen, wie entstehen sie (Interaktion, Beobachtung, Austausch) und wie werden sie empfunden (positiv, dissonant)?

Reaktionen auf interkulturelle Erfahrungen

Wenn interkulturelle Erfahrungen von den gewohnten und bekannten abweichen und versucht wird, fremdkulturelles Verhalten zu erklären, werden Deutungsprozesse ausgelöst, die bereits in Bezug auf die soziale Interaktion beschrieben wurden. Sie werden als *Attribution* (Ursachenzuschreibung) bezeichnet. Um Ursachen für Erfahrungen zu finden, werden diese zur Vereinfachung in Schemata integriert, damit sie für „das kognitive System handhabbar" sind (Philipp 2003, 9). Diese Schemata haben sich aus vorherigen Erfahrungen entwickelt und beschreiben Meinungen, Vorannahmen oder gar Theorien über die Ursachen von Verhaltensweisen (ebd., 9). Sie können erweitert oder modifiziert, oder es können neue Schemata konstruiert werden. Im Idealfall gelingt es, eine Erfahrung in ein Schema zu integrieren, welches die Handlung des Gegenübers auf eine angemessene Erklärung zurückführt. Diese Fähigkeit, Verhalten von Personen auf dieselbe kulturadäquate Ursache zu beziehen, wird auch als isomorphe Attribution bezeichnet und ist häufig Ziel interkultureller Trainingsmaßnahmen, die mit Kulturassimilatoren arbeiten.[2] Je mehr interkulturelle Erfahrungen gemacht und je mehr Attributionsmöglichkeiten und -schemata dadurch bekannt werden, desto größer ist die Wahrscheinlichkeit isomorpher Attribution. So zeigt eine Studie über Kommunikationsstörungen in interkulturellen Erstkontakt-Situationen, dass interkulturell Erfahrene mehr mögliche Erklärungen und diese in mehr Bereichen nennen konnten als interkulturell Unerfahrene (Philipp 2003, 16).

Attributionsprozesse können jedoch auch fehlerhaft sein: Zwar soll die adäquate Interpretation von Verhaltensweisen dazu führen, Stereotype und Vorurteile abzubauen, jedoch führt eine Einordnung in bestimmte Kategorien, die zur Komplexitätsreduktion vorgenommen wird, oft dazu, dass stark verallgemeinert wird.

Als fundamentaler Attributionsfehler wird die Zuschreibung von Verhaltensweisen zu persönlichen statt zu kulturell bedingten Ursachen bezeichnet, die häufig aufgrund mangelnder Kenntnis des Orientierungssystems einer anderen Kultur geschieht.

Somit wird deutlich, dass auch negative Lernprozesse möglich sind, wenn als Lösungsansätze keine logischen Themen konstruiert werden, die ein Verständnis fremdkultureller Handlungen nahe legen. Die Ausbildung von Stereotypen und Vorurteilen, oder gar von rassistischen Einstellungen ist möglich (Weidemann 2004, 56).

[2] Zum Inhalt und zur Konstruktion von Kulturassimilatoren siehe Wang (2000).

Um Ursachen zu finden, die kulturadäquat sind, ist nicht nur eine Vielzahl an Attributionsmöglichkeiten und -schemata vorteilhaft, sondern Wissen über das fremdkulturelle Orientierungssystem notwendig. Dazu müssen nicht nur fremdkulturelle, sondern auch eigenkulturelle Handlungen reflektiert werden. Dabei meint *Reflexion* nicht nur die Beschreibung einer Erfahrung und das Schildern der darin vorkommenden eigen- und fremdkulturellen Handlungen. Reflexion bezieht sich auf das kritische Prüfen und Vergleichen eigen- und fremdkultureller Muster und soll dazu führen, dass Verhalten und Werte als eigen- beziehungsweise fremdkulturell bewusst werden.

Im günstigsten Fall tragen die Attributions- und Reflexionsprozesse dann dazu bei, eigen- und fremdkulturelle Orientierungsmuster zu (er-)kennen und auch zu verstehen. Dabei ist es nicht nur von Nutzen, fremdkulturelle Handlungen zu reflektieren, sondern auch die Sichtweisen des Gegenübers einzunehmen, um so zu einem Verständnis der Handlungszusammenhänge zu gelangen. Die Einnahme anderer Blickwinkel kann außerdem erweitert werden: Während bei einer interkulturellen Erfahrung einzelne fremdkulturelle Sichtweisen eingenommen werden können, kann in einem weiteren Schritt die Änderung der Perspektive auch umfassend sein und sich damit auf eine Relativierung des eigenkulturellen Wertesystems beziehen.

Der Prozess interkulturellen Lernens zeichnet sich demnach in erster Linie durch eine Art *Perspektivwechsel* aus, der in Theorien und Modellen zwar in unterschiedlicher Weise, aber immer wieder thematisiert wird: Bennett beschreibt den Perspektivwechsel in seiner markantesten Form als Wechsel von Ethnozentrismus zu Ethnorelativismus (Bennett/Bennett 2006, 153). Er stellt einen grundlegenden Erkenntnisschritt dar, bei dem die eigenkulturellen Auffassungen nicht mehr als zentrale Instanz betrachtet, sondern Kulturen in Relation zueinander gesehen und verstanden werden. Taylor sieht im Perspektivwechsel eine Änderung der eigenen Bedeutungsstrukturen und schließt sich den von Mezirow (1991) beschriebenen Merkmalen an: Der Perspektivwechsel zeichnet sich durch ein kritisches Bewusstsein eigenkultureller Wahrnehmung und Erwartungshaltungen sowie die Bereitschaft zur Änderung dieser aus (in Taylor 1994, 158). Diese Relativierung des eigenkulturellen Orientierungssystems nimmt also innerhalb interkultureller Lernprozesse einen wichtigen Stellenwert ein, ist jedoch nicht leicht zu erreichen.

1.2.3 Veränderungen von Verhalten und Verhaltenspotential

Dispositionskriterien

Wie im vorherigen Kapitel diskutiert, finden bei der Verarbeitung von Erfahrungen komplexe kognitive Prozesse statt. Im Folgenden sollen nun die Veränderungen im Verhalten oder Verhaltenspotential, also in den Bereitschaften zu bestimmten Verhaltensweisen im Sinne von Eigenschaften oder Anlagen, beschrieben werden, die sich aus diesen Prozessen ergeben und in der Folge mit dem Begriff *Dispositionsveränderung* beschrieben werden.

Da es eine Vielzahl möglicher Veränderungen gibt, die durch Erfahrungen ausgelöst werden und sowohl positiv als auch negativ sein können, ist eine Eingrenzung der Dispositionsveränderungen notwendig: Im Allgemeinen werden nur die Veränderungen als interkulturelles Lernen verstanden, welche sich auf einen besseren Umgang mit kultureller Differenz beziehen (Weidemann 2004, 42).

In der Regel wird mit interkulturellem Lernen somit die Zieldimension ‚interkulturelle Kompetenz' verbunden. Teilkompetenzen werden in eine kognitive (Wissens-), affektive (Emotions-) und aktionale (verhaltensbezogene) Ebene unterteilt. Ebenso vollzieht sich interkulturelles Lernen in diesen Bereichen.[3]

Aufgrund der meist hohen Anzahl aufgelisteter Kriterien ist zu vermuten, dass versucht wird, einem Anspruch auf Vollständigkeit gerecht zu werden. Demnach lassen sich solche Listen nach Thomas (2003) wie eine Art „perfektes, idealisiertes Persönlichkeitsprofil" lesen (in Straub 2007, 40).

Die Bezeichnung ‚Persönlichkeitsprofil' gibt Hinweis darauf, dass soziale und interkulturelle Teilkompetenzen nicht klar voneinander zu trennen sind. Bolten bezeichnet interkulturelle Kompetenz auch als „Fähigkeit, Teilkompetenzen intrakulturellen Handelns auf interkulturelle Handlungskontexte zu beziehen" und damit interkulturell kompetent zu handeln (Bolten, 2003, 87). Auch Layes spricht von „sozialer Kompetenz in interkulturellen Situationen" (Hatzer/Layes 2005, 138). Vor allem anhand der Auflistung vieler affektiver Kriterien wird die soziale Dimension deutlich:

---

[3] Wie auch bei interkulturellem Lernen steht dahinter meist eine personalwirtschaftliche Orientierung und weist den Begriff als zweck- und erfolgsorientiert aus (Straub 2007, 39f.). In der vorliegenden Studie soll jedoch nicht Betrachtung von Effizienz und Angemessenheit (im Beruf) im Vordergrund stehen, sondern die Betrachtung individueller Lernprozesse. Eine eingehende Diskussion von interkultureller Kompetenz ist deswegen nicht notwendig.

Die Ausprägung häufig genannter Kriterien wie Flexibilität, Einfühlungsvermögen oder Unvoreingenommenheit ist auch ohne interkulturelle Erfahrungssituation möglich, die Kriterien selbst können als soziale Teilkompetenzen angesehen werden.

Interkulturelle Dispositionskriterien

Die Unterscheidung zwischen sozial und interkulturell determinierten Dispositionskriterien gestaltet sich ebenso schwierig wie die zweifelsfreie Definition einer Erfahrungssituation als interkulturell. Für die Betrachtung von Veränderungen durch interkulturelle Lernprozesse ist jedoch die Darstellung konkreter Kriterien notwendig, um die Ausprägung einzelner Merkmale analysieren zu können. Deshalb erfolgt anschließend eine ausgewählte Aufzählung von Veränderungen im Verhalten beziehungsweise Verhaltenspotential sowie eine Schwerpunktsetzung für diese Studie:

Auf kognitiver Ebene:

- Kulturwissen (Kammhuber 2000), Bewusstsein und Verständnis eigen- und fremdkultureller Orientierungssysteme und Handlungszusammenhänge (Thomas 2005a), Orientierungsklarheit (Grove/Torbiörn, 1985; in Weidemann 2004), Kontrolle von Attributionsprozessen (isomorphe Attribution, Vermeiden von Attributionsfehlern, Reduktion von Stereotypen) (Thomas 2005b), Fähigkeit zum Perspektivwechsel (Taylor, 1994), Unterscheidung zwischen persönlichkeitsspezifisch und kulturspezifisch determinierten Merkmalen (Thomas 2005b; Kammhuber 2000), Fremdsprachenkenntnis, Metakommunikationsfähigkeit (Bolten 2003).

Auf affektiver Ebene:

- Einfühlungsvermögen (Hatzer/Layes 2005), Reduktion von Angst/Unsicherheit (Gudykunst/Kim, 2003; in Weidemann 2004), Wertschätzung der fremden Kultur (Bolten 2000; in Straub 2007), Reduktion von Stresserleben (Kammhuber 2000), (Ambiguitäts-)Toleranz, Flexibilität, Lernbereitschaft, Selbstdisziplin (Bolten 2003), Unvoreingenommenheit (Bolten 2000; in Straub 2007), Rollendistanz (Bolten 2003).

Auf verhaltensbezogener Ebene:

- Erwerb von Sozialkompetenzen (Hatzer/Layes 2005), Erwerb neuer Handlungsweisen (Kammhuber, 2000), Handlungskonsequenz (Bolten 2003); Erlernen einer Fremdsprache (Bechtel, 2003; in Weidemann 2004), Kommunikationswille und -bereitschaft, Kommunikationsfähigkeit, (Bolten 2003).

Obgleich diese Auflistung eine Vielzahl von Teilkompetenzen aufzeigt, ist eine Betrachtung aller nicht möglich und auch nicht notwendig, da bereits die Veränderung einzelner Kriterien Lernprozesse aufzeigt.

Es lassen sich folgende Prozesse, die durch interkulturelle Erfahrungen ausgelöst werden, wiederfinden: Reflexionsprozesse (die im Idealfall zu Bewusstsein und Verständnis eigen- und fremdkultureller Orientierungssysteme führen), Attributionsprozesse und die Veränderungsprozesse eigenkultureller Bedeutungsstrukturen (die im günstigsten Fall zu einem umfassenden Perspektivwechsel führen). Diese Kriterien sind für den Lernfortschritt von grundlegender Bedeutung, aber auch eine negative Ausprägung kann analysiert werden. Außerdem befinden sie sich ausschließlich auf der Wissensebene, die erstens mit Hilfe einer Interviewbefragung am besten zu analysieren sein wird. Zweitens bezieht sich die kognitive Ebene mit höherer Wahrscheinlichkeit auf interkulturelle Teilkompetenzen als die affektive und verhaltensbezogene, wie bereits die Auflistung vieler kulturabhängiger Kriterien in dieser Kategorie vermuten lässt. Aufgrund dessen sollen die eben genannten Dispositionskriterien bei der Analyse von Veränderungen besondere Beachtung finden.

Außerdem sollen die Interviewpartner selbst eine subjektive Einschätzung ihrer Veränderungen während des Gastfamilienaufenthaltes abgeben. Wie der subjektive Lernzuwachs eingeschätzt wird, kann auf Lernprozesse Einfluss haben und vor allem für affektive Dispositionskriterien von Bedeutung sein: Zufriedenheit oder Akzeptanz des Gastfamilienaufenthaltes oder ‚gefühltes' Lernen können positive Emotionen auslösen und sich deshalb auf Kriterien wie Selbstsicherheit, Offenheit oder Stressbewältigung vorteilhaft auswirken (Ehnert 2007, 446). Die Betrachtung der affektiven Ebene bietet sich also auch an.

Teilkompetenzen, die auf verhaltensbezogener Ebene zu finden sind, sind hingegen schwer einzuschätzen, wie auch interkulturelle Trainingsmaßnahmen gezeigt haben (Kinast 2005, 209). In einer Interviewsituation können Verhalten und Verhaltensänderung nicht beobachtet, sondern nur aus den Berichten der Interviewpartner abgeleitet werden. Der Erwerb neuer Handlungsweisen ist zwar für Lernprozesse von Bedeutung, da Wissen über die Kultur umgesetzt und damit kultursensibel gehandelt werden kann, eine Einschätzung ist jedoch schwierig. Deshalb wird die verhaltensbezogene Ebene in der Auswertung nur eine untergeordnete Rolle spielen.

2. Aufenthalte in Gastfamilien

2.1 Begriffliches

Wenn von Gastfamilienaufenthalt oder dem häufig gebrauchten englischen Begriff *homestay* die Rede ist, handelt es sich im Allgemeinen um die Unterbringung in einer Familie im Gastland. Obwohl umgangssprachlich und wissenschaftlich häufig verwendet, ist der Begriff Gastfamilienaufenthalt nicht eindeutig geklärt und zeichnet sich durch eine Vielzahl an Formen aus: Es gibt die Möglichkeit eines Au-Pair-Aufenthaltes, eines Aufenthaltes im Rahmen von Schüler- oder Studentenaustauschprogrammen oder einer Unterkunft in einer Gastfamilie ohne speziell definierten Kontext. Letztere Unterbringungsmöglichkeit wird in dieser Studie untersucht und im Folgenden mit dem Begriff ‚Gastfamilienaufenthalt' bezeichnet, da dies ihrer wesentlichen Charakteristik entspricht. Schließlich zeichnen sich Au-Pair- oder Austauschprogramme außerdem durch den Status der Teilnehmer als Angestellte der Familie oder als Gastkind, welches Schule oder Universität im Gastland besucht, aus und beeinflussen den Gastfamilienaufenthalt damit stark. Diese Programme werden deshalb weiterhin begrifflich von Gastfamilienaufenthalten abgegrenzt, sofern Inhalte nicht auf alle Formen zutreffen. Im Gegensatz zu Gästen von Gastfamilienaufenthalten ist die Altersgruppe der Au-Pairs (die zudem meist weiblich sind) und Austauschteilnehmer außerdem begrenzter und bewegt sich im Allgemeinen zwischen Sekundärschulalter und jungem Erwachsenenalter.[4]

Der Gastfamilienaufenthalt ist bezüglich seiner Teilnehmer und Rahmenbedingungen flexibler: Es sind Gäste verschiedener Altersgruppen zu finden, diese wohnen unterschiedlich lang in Gastfamilien, üben während des Aufenthaltes verschiedene Aktivitäten aus und haben vielfältige Erwartungen und Ziele. Obwohl oder gerade da sich daraus ein weites Spektrum von Kontextbedingungen ergibt, herrscht oft Unklarheit in der Einordnung und Bedeutung des Gastfamilienaufenthaltes im Rahmen des Aus-

---

[4] Au-Pair (franz.): Gegenseitigkeit. Im Gegenzug zu Unterkunft, Verpflegung und Taschengeld hilft das Au-Pair bei Kinderbetreuung und im Haushalt. Au-Pair-Programme werden jedoch nur zur Abgrenzung herangezogen und sind aufgrund des speziellen Verhältnisses zwischen Au-Pair und Gastfamilie nicht Gegenstand dieser Studie (weiterführend: Nothnagel 2005). Austauschprogramme werden dagegen herangezogen, da sie Gastfamilienaufenthalten inhaltlich näher stehen und vielfach untersucht wurden.

landsaufenthaltes. Eine Befragung des Bundesministeriums für Bildung und Forschung nach Formen nicht-touristischer Auslandsaufenthalte (die sich jedoch nur auf Aufenthalte vor dem Studium bezieht) zeigt zwar die Abgrenzung von Au-Pair- und Austauschprogrammen, jedoch auch, wie schwierig das Leben in Gastfamilien während eines Auslandsaufenthaltes greifbar gemacht werden kann: Der Schüleraustausch nimmt mit 25% die Spitzenposition der Formen nicht-touristischer Auslandsaufenthalte ein; einen Au-Pair-Aufenthalt absolvierten 3% aller Befragten. Die übrigen Ergebnisse umfassen die Antworten Sprachreise, im Ausland gelebt, Praktikum, Berufstätigkeit und andere Tätigkeiten (BMF 2002, 64). Die Ergebnisse dieser Umfrage zeigen somit, dass sonstige Gastfamilienaufenthalte, wie sie in der vorliegenden Studie untersucht werden sollen, kaum erkennbar sind, obwohl sie sich möglicherweise hinter den übrigen Antworten verbergen.

Tätigkeiten während des Gastfamilienaufenthaltes sind, wie in der Studie des BMF bereits anklingt, sowohl privater als auch beruflicher Natur und umfassen vor allem Kurse in Fremdsprachen, Praktika, Berufstätigkeit und Reisen (vgl. Lauterbach 2009). Weitere Kontextbedingungen ergeben sich aus der Anbahnung der Gastfamilienaufenthalte: Abgesehen von der privaten Suche wird in den meisten Fällen über einen Dritten, in der Regel eine Organisation, vermittelt. Solche Vermittler haben wesentlichen Einfluss auf die Gestaltung des Aufenthaltes: Sie bieten oftmals mehr Sicherheiten, haben jedoch auch ein Regelwerk und setzen Kosten fest.

Eine Studie von Bachner und Zeutschel, die sich mit *international homestay experiences* befasst, zeigt die Problematik der Untersuchung von Gastfamilienaufenthalten. Grundlage für eine Definition bietet der Begriff ‚internationaler Bildungsaustausch'. Dieser bezeichnet:

> (1) a sojourn in another cultural milieu, (2) which is extensive in duration [...] and (3) which involves intensive exposure to the other culture, its people and its institutions. (4) Exchange may be undertaken for a variety of idiosyncratic reasons [...], although typically it will be for purposes of formal study, language proficiency, skill development, personal development, increased knowledge of the host country or improved international understanding and relations. (5) The exchange experience may be programmatic [...] or individualized [...] and it can occur across a range of educational levels [...]. (7) In instances of a programmatic/organized exchange, the educational content of the experience will be formalized. (Bachner/Zeutschel 2009b, 20)

Obgleich diese Merkmale für einen Gastfamilienaufenthalt zutreffend sind, sind sie nicht direkt auf ihn zugeschnitten. Zwar bildet in dieser Definition der Aufenthalt in einer Gastfamilie meist den Kern eines solchen Austausches; es sind jedoch auch andere Unterbringungen möglich und eine Konzentration auf das Leben in den Gastfamilien ist nicht gegeben. Bei der Analyse des Auslandsaufenthaltes wird nicht differenziert, Auswirkungen werden nur als Bündel von Auslandserfahrungen dokumentiert. Trotzdem umfasst diese Definition die wesentlichen Kriterien für einen Gastfamilienaufenthalt, die bereits weiter oben beschrieben wurden. In Ermangelung einer konkreten Definition für Gastfamilienaufenthalt soll der Begriff internationaler Bildungsaustausch deshalb im Folgenden als Grundlage gelten, mit dem entscheidenden Zusatz, dass der Sojourner mit einer Familie, die aus Gastlandsangehörigen besteht, in deren Heim zusammenlebt.[5]

2.2 Bedeutung von Gastfamilienaufenthalten

2.2.1 Besonderheiten im Zusammenleben mit Gastfamilien

Das Leben in einer fremden Familie im Gastland stellt eine besondere Form des Kulturkontaktes dar, den Gäste sowie Gastfamilien häufig mit dem Wort ‚intensiv' beschreiben (Wetzel 2004, 91; Nothnagel 2005, 84). Obwohl das Zusammenleben vielseitig gestaltet werden und die Teilnahme am Familienleben unterschiedlich ausfallen kann, bedeutet das Leben in einer Gastfamilie meist eine beständige Auseinandersetzung miteinander. Im täglichen Zusammenleben werden viele Aspekte des Privatlebens geteilt. Schnittstellen verschiedener Lebensweisen sind dabei zahlreicher und durchdringender als bei den meisten anderen Kulturkontakten während des Auslandsaufenthaltes. Damit stellt das Alltagsleben für beide Seiten eine Herausforderung an den Umgang miteinander dar. Besonders für den Gast ist die emotionale Einbindung in die Welt der Gastfamilie oft tiefgreifend, da die Familie im unbekannten Gastland Lebensmittelpunkt ist und Orientierung bietet (vgl. Wetzel 2004; Fuß/Busse/Langenhoff 2004). Für die Familie ist der Gast meist eine persönliche und kulturelle Bereicherung (Nothnagel 2005, 7). Das erwünschte reibungslose und für

[5] Sojourners (engl.): Auslandsreisende, die zeitlich begrenzt, jedoch über einen touristischen Besuch hinaus im Ausland leben (Weidemann 2004, 19). Ebenso wird bei Gastfamilienaufenthalten für diese Studie ein zeitlich flexibler Rahmen angenommen, der jedoch länger als ein gewöhnlicher Reiseaufenthalt währt.

beide Seiten zufriedenstellende Zusammenleben begründet die oben genannten Herausforderungen: Als wichtiges Kriterium werden sowohl von Gast als auch Familie eine weitgehende Übereinstimmung des Lebensstils genannt. Beide Parteien, stärker aber die Gasteltern, halten das Anerkennen von Verhaltensregeln und das Einlassen auf andere Orientierungsmuster für wichtig (Wetzel 2004, 91).

Aus diesem Zusammenspiel von privater Nähe und Herausforderung ergeben sich prägende Aspekte im Kulturkontakt: Diese sind vor allem die Verbindlichkeiten im Zusammenleben sowie die Zeit füreinander. Sie lassen sich in Studien über Gastfamilienaufenthalte in Ausdrücken wie ‚Treffen von Absprachen', ‚Teilen der Hausarbeit' oder ‚Zeit für gedanklichen Austausch' und ‚gemeinsame Aktivitäten' als wichtige Faktoren im Zusammenleben und auch als Herausforderungen wiederfinden. Außerdem erwachsen aus dem täglichen Miteinander vielfältige, individuell und interkulturell verschiedene Herausforderungen, die zum Beispiel das Essen, die Privatsphäre oder die sprachliche Kompetenz umfassen können.

Das weite Spektrum von Gastfamilienaufenthalten in Bezug auf Rahmen- und persönliche Bedingungen sowie Heimat- und Gastlandszugehörigkeit zeigt eine Vielzahl an Möglichkeiten spezifischer Aspekte eines solchen Kulturkontaktes, die hier nicht dokumentiert werden können, jedoch im empirischen Teil anhand von Heimatland Deutschland und Gastland China sowie konkreter Beispiele betrachtet werden. An dieser Stelle sollte lediglich gezeigt werden, auf welch vielseitige Lebensbereiche ein Gastfamilienaufenthalt im Gegensatz zu vielen anderen, kurzweiligeren Kontakten mit Gastlandsangehörigen Auswirkungen haben kann und welches Forschungspotential sich daraus ergibt (vgl. Gupta 2001; Zhou/Chen 2009; Lauterbach 2009).

2.2.2 Gründe und Ziele bei Gastfamilienaufenthalten

Die Intensität des Kontaktes zu Gastlandsangehörigen ist in der Regel ein wesentlicher Faktor bei der Entscheidung für einen Gastfamilienaufenthalt. Sowohl bei Au-Pair-, Austausch- als auch Gastfamilienaufenthalten wird bezogen auf das Leben in der Familie ein weites Spektrum an Gründen und Zielen angegeben:

- Gastland, Kultur, Menschen kennenlernen; kulturspezifische und kulturallgemeine Erfahrungen machen (LIJAP 2005; Bachner/Zeutschel 2009a; Nothnagel 2005)
- Persönliche, bildungs- und berufsbezogene Weiterentwicklung (Nothnagel 2005)
- Sprachkenntnisse erlangen (Bachner/Zeutschel 2009a; Nothnagel 2005).

Außerdem trägt auch der Kostenfaktor in manchen Fällen zur Entscheidung für einen Gastfamilienaufenthalt bei, da dieser als preiswerte Alternative zu anderen Wohnmöglichkeiten angesehen wird (Lauterbach 2009, 10).

Gastfamilienaufenthalte sind anscheinend aber vor allem deswegen so beliebt, weil sich die Teilnehmer wertvolle Erfahrungen im Zusammenleben mit einer Gastfamilie und daraus entstehende Lernvorteile versprechen. Diese Motive lassen sich auch in der eingangs beschriebenen Definition nach Bachner und Zeutschel wiederfinden, obgleich diese sich ursprünglich nicht ausschließlich auf den Gastfamilienaufenthalt bezieht. Dies zeigt, dass der Gastfamilienaufenthalt vom Teilnehmer als Möglichkeit zur Realisierung seiner Auslandsziele angesehen werden kann.

In der Austauschforschung herrscht eine ‚positive Wirkungshypothese' vor, die besagt, dass sich Gäste aufgrund ihres Gastfamilienaufenthaltes verändern und diese Veränderungen als prinzipiell positiv und andauernd zu interpretieren sind (Bachner/Zeutschel 2009b, 14). Auch potentielle Gäste scheinen die Hypothesen der Forschung zumindest intuitiv zu teilen.

2.3 Auswirkungen von Gastfamilienaufenthalten

Zum Thema Auslandsaufenthalt mit Familienunterkunft gibt es eine Vielzahl von Ratgebern, die kulturallgemein oder auf die einzelnen Länder zugeschnitten sind, Erfahrungsberichte sowie rechtliche Literatur (vgl. Gry Troll 2008; Terbeck 2009 et al.). Zudem sind bei Vermittlungsorganisationen viele allgemeine und programmatische Informationen für die Zeit im Ausland und in der Gastfamilie zu finden. Aufgrund der Anzahl und Bedeutung von Organisationen, die sich auf Austausch- und Au-Pair-Programme spezialisieren, liegt der Schwerpunkt der populärwissenschaftlichen Literatur auf Schüler- oder Studenten- und Au-Pair-Austausch.

Eine wissenschaftliche Auseinandersetzung mit dem Thema Gastfamilien erfolgt in geringerem Maße und ist gleichsam fast ausschließlich auf Austauschprogramme zugeschnitten, was mit Größe und Forschungsmöglichkeiten der Vermittlungsorganisationen zusammenhängt. Zahlreiche Studien wurden von AFS (American Field Service) und YFU (Youth for Understanding) durchgeführt und werden nachfolgend aufgrund fehlender Untersuchungen von Gastfamilienaufenthalten (in China) vorwiegender Gegenstand der Forschungsdiskussion sein.[6] Dabei ist eine kritische Betrachtung unter dem Gesichtspunkt der Nutzbarkeit für die vorliegende Untersuchung notwendig.

In der Austauschforschung steht die Untersuchung von Auswirkungen der Austauscherfahrungen im Mittelpunkt, da das pädagogische Erkenntnisinteresse sowie die Frage nach Legitimation der Programme einen hohen Stellenwert einnehmen (vgl. Zeutschel 2004).

Bereits 1986 wurde von der Organisation AFS eine Studie durchgeführt, die Veränderungen im Lernen und in der Persönlichkeitsentwicklung untersuchte (Hansel/Grove 1986). Teilnehmer der Fragebogenstudie waren 1100 US-amerikanische High-School Schüler, die sich drei bis 11 Monate in verschiedenen AFS-Ländern aufhielten. Sowohl vor als auch nach ihrem Austausch sollten diese sowie eine Kontrollgruppe die Ausprägung bestimmter Eigenschaften einschätzen. Es zeigten sich positive Auswirkungen vor allem bezüglich der Eigenschaften Kulturverständnis, Bewusstsein und Wertschätzung der Gastkultur, Wertschätzung und Fähigkeit der entsprechenden Fremdsprache sowie internationales Bewusstsein.

Eine spätere Studie des AFS untersuchte mit Hilfe des *Intercultural Development Inventory (IDI)*, welches auf das Bennettsche Modell des interkulturellen Lernens aufbaut, sowie mit Hilfe weiterer Fragebögen die Entwicklung interkultureller Sensibilität von Austauschschülern im Pre- und Posttest (Hammer 2005).[7] Es wurden insgesamt 1300 Schüler aus neun verschiedenen Ländern im Alter von 15-17 Jahren befragt, deutsche Schüler stellten dabei die größte Gruppe dar. Eine Kontrollgruppe von etwa 500 Schülern bestand aus von den Teilnehmern nominierten Freunden, die ähn-

[6] AFS ist die weltweit älteste und größte Jugendaustauschorganisation. YFU organisiert und betreut Schüleraustausch. Beide Organisationen sind in Deutschland vertreten und organisieren Austauschprogramme weltweit.

[7] Weiterführend siehe Bennett/Bennett 2006.

liche Merkmale aufwiesen. Ergebnisse zeigten, dass die Austauschschüler nach dem Aufenthalt über einen höheren Wert interkultureller Sensibilität verfügten als die Kontrollgruppe. Die größten Lernfortschritte machten diejenigen, die den Aufenthalt mit geringer interkultureller Erfahrung antraten. Zusätzlich ergaben sich Steigerungen bezüglich des Spracherwerbs, der Kenntnisse über die andere Kultur, einer geringeren Polarisierung kultureller Differenz, interkultureller Freundschaften und der Reduktion von Unsicherheit.

Im Auftrag von YFU wurde 1984 eine Studie durchgeführt, die Wissen, Einstellungen und Verhalten von etwa 1300 ehemaligen US-amerikanischen YFU-Teilnehmern nach ihrem Aufenthalt (vor allem in Japan) mit Hilfe verschiedener Tests einschätzte. Im Gegensatz zum Test mit der Kontrollgruppe zeigten die Teilnehmer höheres kulturallgemeines sowie kulturspezifisches Interesse und Wissen und richteten Aktivitäten internationaler aus. Im Ergebnis wurden den Teilnehmern solcher Austauschprogramme dauerhafte Verhaltensänderung und Internationalisierung bescheinigt (Detweiler 1984, in Bachner/Zeutschel 2009b, 26f.).

In der neuesten YFU-Studie wurden Teilnehmer aus den USA und Deutschland über einen Zeitraum von vier Jahrzehnten untersucht (Bachner/Zeutschel 2009a). Insgesamt wurden 661 ehemalige Teilnehmer explorativ im Interview und mit Fragebögen befragt, zudem gab es eine Kontrollgruppe. Gegenstand waren dabei allgemeine Erfolgseinschätzung und Zufriedenheit, persönliche Veränderungen, Weitergabe von Erfahrungen, fortgesetztes Engagement in der Austauscharbeit sowie Einflüsse auf Bildungs- und Berufsweg. Im Ergebnis wurde wie in anderen Studien bestätigt, dass sich diese Austauschprogramme positiv auf Wissen, Einstellung und Verhalten auswirkten, Erfahrungen aus dem Austausch damit im Alltag auch weitergegeben und angewandt werden können. Im Einzelnen bezogen sich Persönlichkeitsveränderungen insbesondere auf Kontaktfreudigkeit, Toleranz und Selbstbewusstsein. Als besonders positiven Aspekt nannten viele Teilnehmer das Zusammenleben und den vertrauten Kontakt mit der Gastfamilie. Dies zeigt, dass das Leben in der Familie anscheinend einen wichtigen Einfluss auf die Auswirkungen des gesamten Aufenthaltes hat. Als eine von wenigen Studien thematisiert diese außerdem Probleme während des Austausches: Sie umfassen Heimweh, Einsamkeit und Mangel an Bekanntschaften, kulturinadäquates Verhalten, unzureichende Fremdsprachenkenntnisse und Vorurteile der Gastgeber (Bachner/Zeutschel 2009a, 4).

Weitere Studien, die aber aufgrund einer anderen Schwerpunktsetzung nicht näher betrachtet werden sollen, bestätigen die positiven Auswirkungen solcher Aufenthalte: Schon Ende der 1980er Jahre wurde im Rahmen von kurzfristigen Schüleraustauschprogrammen festgestellt, dass Schüler durch den Kontakt mit der Gastkultur eigenkulturelle Orientierungsmuster reflektieren (Thomas 1988, 19f.). Ein weiteres Forschungsprojekt von Thomas, Abt und Chang, das ehemalige Teilnehmer von etwa zweiwöchigen, verschiedenen Austauschprogrammen sechs Jahre nach dem Aufenthalt untersuchte, zeigt klare und lebhafte Erinnerung an den Austausch sowie Langzeitwirkungen (LIJAP 2005). In einer anderen Studie über Auswirkungen auf *Gastfamilien* wurde deutlich, dass erfahrene Gastfamilien eher in der Lage sind, kritische Interaktionssituationen zu klären als unerfahrene, also besser attribuieren können (Vollhardt 2004).

Insgesamt stimmen Studien über Auslandsaufenthalte mit Gastfamilienaufenthalt also darin überein, dass auf kognitiver Ebene (Wissenserwerb, Reflexion des eigenkulturellen Orientierungssystems, internationales Bewusstsein, Sprachkompetenz), als auch auf affektiver Ebene (Selbstbewusstsein, Offenheit, Toleranz) und auf verhaltensbezogener Ebene (Kommunikationsbereitschaft, Weitergabe von Erfahrungen) positive Veränderungen stattfinden, die langfristig sind (vgl. Thomas 2004). Eine wichtige Stellung nimmt in allen Studien die Fremdsprachenkompetenz ein.

In der Regel wird jedoch nicht zwischen Auslandsaufenthalt und Gastfamilienaufenthalt differenziert, nur vereinzelt wird eine herausragende Bedeutung des Gastfamilienaufenthaltes für Lernprozesse herausgestellt. Jedoch bezeichnete Dimpflmaier bereits 1988 den Gastfamilienaufenthalt bei Schüleraustauschprogrammen als den „förderlichsten Faktor, der [...] in der Regel zu den intensivsten Erlebnissen und Eigen-/Fremdkultur-Differenzierungen führte." Da Schüler in der Gastfamilie ein Bedürfnis nach wirklicher Aufnahme hätten, würde eine positive Situation in der Gastfamilie außerdem den Lernprozess positiv beeinflussen (Dimpflmaier 1988, 119). Ob dieses Bedürfnis bei älteren Gästen außerhalb solcher Austauschprogramme ebenso groß ist, erscheint fraglich. Persönliche Zufriedenheit mit dem Aufenthalt ist den Teilnehmern jedoch wichtig (Lauterbach 2009, 18).

Obgleich alle der genannten Studien zu dem Schluss kommen, dass die Auswirkungen von Gastfamilienaufenthalten fast ausschließlich positiv sind, werden Kontextbedingungen nur ungenügend berücksichtigt. An dieser Stelle sollen auch weitere allgemeine Defizite der bisherigen Forschungen zusammengefasst werden, die den Forschungsbedarf für die vorliegende Studie begründen:

- Schwerpunkt: Studien beschäftigen sich a) fast ausschließlich mit Austauschprogrammen und b) konzentrieren sich nicht auf den Gastfamilienaufenthalt, sondern analysieren den Auslandsaufenthalt insgesamt.
- Ausrichtung: Die bisherigen Untersuchungen zeichnen sich a) durch quantitative Fragebogenstudien mit großer Stichprobe aus (Ausnahmen gibt es vor allem in Form von Diplomarbeiten.) (vgl. Gupta 2001; Vollhardt 2004)) und b) durch Pre- oder Post-Test-Untersuchungen aus, die nicht auf die Erfassung von Veränderungs*prozessen* gerichtet sind.
- Ungleichmäßigkeit: Untersuchungsteilnehmer stammen aus verschiedenen Ländern, die Aufenthaltsdauer ist unterschiedlich lang und wird meist nur thematisiert im Sinne einer Proportionalität zwischen Aufenthaltsdauer und Auswirkungsstärke.
- Voreingenommenheit: Studien über Austauschaufenthalte werden im Allgemeinen von der vermittelnden Organisation oder unter ihrer Schirmherrschaft durchgeführt, wobei das Ziel die Legitimation der Programme darstellt.
- Regionale Beschränkungen: Studien über Gastfamilienaufenthalte in China liegen bisher noch nicht vor.

Diese Untersuchung wird die Defizite nicht ausräumen können. Jedoch lenkt sie das Forschungsfeld aufgrund der Konzentration auf den Gastfamilienaufenthalt von Deutschen in China und der qualitativen Herangehensweise in eine andere Richtung. Dabei besteht zum Verständnis der Situation von Gastfamilienaufenthalten in China und der Kontextbedingungen die Notwendigkeit, das Familienleben in der Volksrepublik näher zu beleuchten.

2.4 Faktoren chinesischen Familienlebens

Noch im Jahre 1995 lebte etwa ein Viertel der chinesischen Bevölkerung in drei Generationen unter einem Dach. Diese Form des Zusammenlebens kann neben Großeltern, Eltern und Kindern auch andere Verwandte umfassen. Einen wichtigen Einfluss auf die familiäre Zusammensetzung hat die Tradition, dass jung verheiratete Paare zu den Eltern des Ehemannes ziehen (Cartier 1995, 307f.). Dies steht im Einklang mit dem Wunsch nach gegenseitiger Unterstützung, vor allem in Bezug auf die Betreuung der Kinder und die Fürsorge für die Älteren. Auch die Verankerung konfuzianischer Tugenden, insbesondere die Kindespietät und der allgemein gebotene Respekt gegenüber Älteren, spielt im heutigen Familienleben nach wie vor eine Rolle (vgl. Chen 2003). Ebenso ist die Harmonie im Familienleben ein zentraler Wert, wie auch das chinesische Sprichwort „Family prospers in harmony“ ausdrückt (Lew 1998, 57).

Die Größe chinesischer Familien ist im Zuge der modernen Marktwirtschaft und der Ein-Kind-Politik in den letzten Jahrzehnten jedoch weiter gesunken und Haushalte mit drei Personen nehmen immer mehr zu (vgl. Cartier 1995). Damit verändert sich zwar das oben beschriebene Gefüge, gegenseitige Unterstützung und Respekt gegenüber Älteren nehmen in der sozialen Ordnung Chinas aber noch immer einen wichtigen Platz ein. Als Schwellenland hat China einen mit Industrieländern vergleichsweise niedrigeren Lebensstandard und geringe Sicherheit in der Altersvorsorge zu bieten. Zusammen mit den Wünschen, aus einer Masse von etwa 1,3 Mrd. Menschen hervorzustechen, eine gute Ausbildung und rosige Zukunftsaussichten im Zuge der Marktwirtschaft zu erhalten, ergibt sich in chinesischen Familien die folgende Situation: Hoffnungen, aber auch Druck von Eltern sowie Großeltern lasten auf dem meist einzigen Kind in der Familie, welches durch Fleiß und harte Arbeit in Zukunft ein gutes Leben führen und zur Stütze der Eltern werden soll (ebd., 313).

Demnach findet sich in Familien oft die Konstellation des Zusammenlebens von drei bis fünf Personen – von Vater, Mutter, Kind; und von Zeit zu Zeit der Großeltern.[8] Dem Kind wird besondere Fürsorge und Nachsicht (beispielsweise in Bezug auf häusliche Pflichten), aber auch Strenge im Wahrnehmen von Bildungspflichten zugedacht. Dabei ist zudem von Bedeutung, dass Kinder unter der Autorität und Erziehung der Eltern stehen, bis sie verheiratet und damit selbstständig geworden sind. Auch heute noch haben viele Eltern zum Beispiel wichtiges Mitspracherecht in der Wahl der zukünftigen (Ehe-)Partner ihrer Kinder, auch wenn die Bedeutung arrangierter Ehen in den letzten Jahrzehnten deutlich gesunken ist (Yi/Hsiung 1997, 25).

---

[8] Diese Angaben zum Familienleben in China beziehen sich auf städtische Familien, aufgrund der Unterschiede im Lebensstandard sowie in der Implementierung der Ein-Kind-Politik zwischen Stadt und Land.

Die eben genannten Faktoren chinesischen Familienlebens sind auch für den ausländischen Gast von Bedeutung. Zwar gibt es noch keine umfangreichen Studien über Gastfamilienaufenthalte in China, aber es zeigen sich vor allem Tendenzen, dass Gäste bezogen auf das Familienleben den Einfluss der Ein-Kind-Politik, aber auch der Traditionen spüren: So werden der Respekt von Jüngeren gegenüber Älteren, das Leben einer modernen Ein-Kind-Familie oder Generationenunterschiede als auffallend erachtet (Lauterbach 2009).

Kurz sollen an dieser Stelle auch noch die am häufigsten auftretenden Differenzen und Probleme von Deutschen in chinesischen Gastfamilien beschrieben werden, die ebenso aus Unterschieden zum chinesischen Familienleben erwachsen können: Als Gast*kind*, sofern man nicht verheiratet oder ebenso alt ist wie die Gasteltern, wird man in der Regel auch als solches behandelt. Daraus ergeben sich, wie meine letzte Umfrage unter Gästen zeigte, für diese die Probleme mangelnder Privatsphäre sowie in der Freiheits- und Unabhängigkeitsbeschränkung. Weitere auftretende Differenzen bezogen sich auf Essgewohnheiten und sprachliche Verständigung. Diese sind jedoch weniger dem chinesischen Familienleben als Gastfamilienaufenthalten im Ausland allgemein zuzuschreiben (ebd.).

In Ermangelung von Studien über Gastfamilienaufenthalte in China seien hier nur diese ersten, vorsichtigen Erkenntnisse betrachtet, die ein Gefühl dafür geben sollen, was bei Gastfamilienaufenthalten in China eine Rolle spielen kann. Eine Vielzahl von Rahmenbedingungen des Familienlebens, nicht nur die Stadt-Land- oder Ost-West-Differenzen in China, haben Einfluss auf den Gastfamilienaufenthalt.

2.5 Zusammenfassung

In dieser wissenschaftlichen Untersuchung soll eine Konzentration auf Erfahrungssituationen als Auslöser von Lernprozessen erfolgen: Teilnehmer von Gastfamilienaufenthalten versprechen sich wertvolle Erfahrungen im Zusammenleben mit einer fremden Familie sowie sich daraus ergebende Lernvorteile. Ein Gastfamilienaufenthalt bedeutet in der Regel eine intensive und andauernde Auseinandersetzung mit den fremdkulturellen Angehörigen. Dies legt nahe, dass sich Gastfamilienaufenthalte für die Untersuchung interkultureller Lernprozesse eignen. (Erste Erkenntnisse zeigen, dass Erfahrungen bei Gastfamilienaufenthalten in China gemacht wurden, die nicht nur auf interindividuelle Unterschiede zurückzuführen sind, zum Beispiel Werte wie Harmonie, Respekt gegenüber Älteren). Es hat sich aber auch die Bedeutung bestimmter Bedingungen gezeigt: Vor allem Vermittler von Gastfamilienaufenthalten sind ein wichtiger Einflussfaktor; auch die Sprache nimmt im Lernprozess einen wichtigen Stellenwert ein.

Insgesamt ist von Interesse, wie Erfahrungen gemacht werden, wie sie empfunden werden und welche Schlüsse sich daraus für Veränderungen ergeben.

Bei Gastfamilienaufenthalten wird im Allgemeinen von einer positiven Wirkungshypothese gesprochen. Dispositionsveränderungen sollen untersucht werden, da sie Aufschluss über stattgefundene Lernprozesse geben können, die selbst nicht – mittels häufiger Erhebungen über einen langen Zeitraum – hinreichend betrachtet werden können.

Die im Kapitel Interkulturelles Lernen herausgefilterten Dispositionskriterien lassen sich zum Teil auch in Studien über Auswirkungen von Gastfamilienaufenthalten wiederfinden, obgleich sich diese nicht auf das hier genutzte Konzept interkulturellen Lernens beziehen. Reflexionsprozesse werden thematisiert, Attributionsprozesse jedoch nur indirekt angesprochen. (Das Zusammenleben mit ausländischen Gästen führt bei Gastfamilien zu besserer Attributionsfähigkeit bei der Interpretation kritischer Interaktionssituationen.) Perspektivwechsel kommen nicht direkt zur Sprache, nur die Entstehung eines ‚internationalen Bewusstseins', die als eine Auswirkung beschrieben wird, kommt einer Art Perspektivwechsel nahe. Ebenso zeigt sich der Aspekt ‚Wertschätzung der Kultur' als eine wichtige Veränderung und kann mit einem Verständnis des fremdkulturellen Wertesystems und Perspektivwechsel in Zusammenhang gebracht werden.

Studien über Gastfamilienaufenthalte konzentrieren sich insgesamt eher auf affektive Kriterien, die aber auch für diese Studie in Bezug auf eine subjektive Einschätzung von Bedeutung sind.

3. Forschungsprozess

3.1 Ziel der empirischen Untersuchung

Ziel der vorliegenden Studie ist es, Erfahrungssituationen von Deutschen in chinesischen Gastfamilien zu erfassen und ihre Auswirkungen auf Lernprozesse zu analysieren. Dabei sind folgende Unterpunkte von Bedeutung: Welche konkreten Erfahrungen machen die Gäste? Wie werden diese gemacht? Wie empfinden die Gäste diese Erfahrungen? Welche Veränderungen geschehen bei den Gästen aufgrund der Erfahrungen? Welche persönlichen und situativen Bedingungen sind außerdem wichtig für den Ausschnitt ‚Gastfamilienaufenthalt'? Der Forschungsbedarf ergibt sich aus der Notwendigkeit qualitativer Studien über interkulturelles Lernen, Studien über Gastfamilienaufenthalte im Allgemeinen und Gastfamilienaufenthalte in China im Besonderen.

Grundlage für das Forschungsvorhaben soll der psychologische Lernbegriff sein, da sich dieser auf Veränderungen von Verhaltensdispositionen aufgrund von Erfahrungen bezieht. Das Problem, die Interkulturalität einer Erfahrungssituation sowie einer Dispositionsveränderung zu bestimmen, wird wie folgt relativiert: Im Theorieteil wurde beständig die Verbindung zwischen sozial und interkulturell determinierten Aspekten dargestellt. Auch die Auswertung soll für beide Aspekte offen sein: In den Einzelfallanalysen stehen die vielfältigen Kontextbedingungen im Mittelpunkt und sind somit auch Grundlage für weiteres Verständnis. Dispositionsveränderungen, die in diesem Teil dargestellt werden, können sowohl soziale als auch interkulturelle Teilkompetenzen sein, wie im Theorieteil erläutert wurde. In der fallübergreifenden Analyse werden die Erfahrungssituationen durch ein Experteninterview auf Interkulturalität hin überprüft. Bei dem Ausschnitt ‚Gastfamilien' ist außerdem interkulturelles Lernen wahrscheinlicher, da es sich augenscheinlich um einen intensiven Kontakt mit Gastlandsangehörigen handelt. Somit wird gewährleistet, dass keine prinzipielle Zuordnung zu Kultur stattfindet.

3.2 Methodologische Grundlagen

In Bezug auf die Umsetzung meines Forschungsvorhabens entschied ich mich für ein offenes Design. Bei der Untersuchung eines Gastfamilienaufenthaltes handelt es sich um die Betrachtung eines zeitlich und räumlich definierten Ausschnittes aus dem Alltagsleben und begründet damit die Konzentration dieser Studie auf die qualitative Forschung (Beer 2003a, 15). Mit der Frage nach der Bedeutung und den Auswirkungen eines solchen Zusammenlebens auf die Gäste wurde versucht, Sinn und subjektive Sichtweisen zu erfassen. Ein längsschnittliches Forschungsdesign, welches in der qualitativen Forschung und besonders im Bereich interkulturellen Lernens bisher nur selten Verwendung gefunden hat (siehe aber Weidemann 2004), sollte Veränderungen in Sicht- und Handlungsweisen durch wiederholte Erhebungen dokumentieren, auch wenn dies im zeitlichen Rahmen dieser Studie nur ansatzweise möglich ist (Flick 2007, 255f.).

Im Mittelpunkt stand die Befragung von Gästen mit Hilfe qualitativer, wenig standardisierter Interviews. Ein Interview mit einem ‚Kulturexperten' sollte außerdem Aufschluss darüber geben, ob Erfahrungssituationen der Gäste als interkulturell (und damit kulturtypisch) anzusehen sind und die Analyse der Gastfamilienaufenthalte unterstützen. Ursprünglich war zudem eine Beobachtung der Gäste in der untersuchten Lebenswelt geplant, um ein möglichst umfassendes Bild des Zusammenlebens von Gast und Familie zu zeichnen. Dies war jedoch aus praktischen und zeitlichen Gründen nicht machbar. Ich nutzte deshalb eine teilnehmende Beobachtung während meines eigenen Gastfamilienaufenthaltes, um einen tieferen Einblick in die Problematik von Gastfamilienaufenthalten zu bekommen.[9]

Interviews mit den deutschen Gästen

Der erste Interviewteil widmete sich vorrangig dem biografischen Hintergrund und anderen relevanten Kontextbedingungen für den Aufenthalt, um ein Gesamtbild zu erhalten. Das dabei genutzte narrative Interview zeichnet sich dadurch aus, dass der Interviewer eine Erzählaufforderung gibt, um Erinnerungen auszulösen, sonst jedoch kaum in den Redefluss eingreift. Der dadurch geschaffene offene Erzählraum eröffnet

[9] Da die Beobachtung für die Auswertung nur unterstützend war, wird auf diese Methoden selbst nicht näher eingegangen.

die Möglichkeit, ungefragte und weniger erwartete Aspekte als Antworten zu erhalten (Schlehe 2003, 71).

Der zweite Interviewteil war ebenso durch einen geringen Standardisierungsgrad gekennzeichnet, befasste sich aber mit dem Thema ‚Erfahrungssituationen' in den Gastfamilien. Deshalb wurde hier die Form des themenzentrierten Interviews genutzt, da dieses gesprächsführender ist als ein Interview mit narrativen Charakter (ebd., 78). Die interviewführenden Fragen wurden in einem Leitfaden gesammelt und dienten zur Hintergrundkontrolle. Einsatz, Reihenfolge und Formulierung waren jedoch flexibel zu handhaben, um nicht zu stark in den Gesprächsfluss einzugreifen. Erzählgenerierende Fragen, Verständnis- und Reflexionsfragen kamen zusätzlich zum Einsatz (Helfferich 2005, 24).

Im dritten Interviewteil sollten die Teilnehmer eine subjektive Einschätzung der Auswirkungen ihres Gastfamilienaufenthaltes abgeben. Aufgrund des bereits angeregten Erzählflusses, der Reflexion des bisherigen Aufenthaltes im vorangegangenen Interviewteil und der vielfältigen Antwortmöglichkeiten war in diesem Fall eine erneute Nutzung der narrativen Interviewform geeignet.

Diese Ausgestaltung der Interviewformen für den ersten Interviewdurchlauf war auch Grundlage für den zweiten, der mit einem Abstand von etwa einem Monat durchgeführt wurde.

Experteninterview

Da im vorliegenden Fall interkulturelle Erfahrungen identifiziert und Wissen über die kulturellen Hintergründe aufgebaut werden sollte – auch, um die von den Gästen vorgenommenen Interpretationen der Erfahrungen mit den zugrunde liegenden Ursachen vergleichen zu können – erschien mir ein Experteninterview als geeignet: Ein Experte ist in diesem Falle nicht Objekt der Untersuchung, sondern ein Medium, durch das man Wissen über einen bestimmten Sachverhalt erfahren will. Dabei kann jeder Experte sein, dessen spezifisches Wissen für die Untersuchung relevant ist (Gläser/Laudel 2006, 10/41). Da solch ein Interview auf die Erschließung von Wissen ausgerichtet ist, welches dem Forscher selbst noch unbekannt ist, erscheint ein standardisiertes Vorgehen nicht angebracht. Ein Leitfadeninterview ist von Vorteil, da der Experte in einem recht kurzen Zeitraum auf unterschiedliche, oft wenig zusammenhängende Aspekte eingehen soll und um Informationen über alle relevanten Aspekte zu erhalten. Meinungsfragen an den Experten sind (auch aufgrund sozialer Erwünschtheit) in der Regel heikler als Faktfragen (ebd., 118/134).

3.3 Methodische Vorgehensweise

3.3.1 Teilnehmer der Untersuchung

Die Auswahl der Stichprobe basierte auf folgenden Grundlagen: Aufgrund der sprachlichen Umsetzbarkeit des Forschungsprozesses und ein für die Auswertung der Untersuchungen hilfreiches Verständnis ähnlicher Werte, Denk- und Handlungsmuster wurden Deutsche gewählt. Die Konzentration auf das Gastland erwuchs aus dem bisherigen Forschungsdefizit über Gastfamilienaufenthalte in China, aber auch aus der Bedeutung und Relevanz von ‚China-Kompetenz' im personalwirtschaftlichen wie privaten Bereich. Ebenso spielten meine eigenen Vorerfahrungen mit China und in Gastfamilien eine Rolle.

Zudem ergab sich die Zusammensetzung aus den begrenzten Rahmenbedingungen dieser Studie sowie der Zugänglichkeit der Stichprobe: Um das geplante Untersuchungsdesign verwirklichen zu können, war ein Aufenthalt in China und ein mehrmaliger Zugang zu allen Teilnehmern während ihres Aufenthaltes in der chinesischen Familie notwendig. Am besten ließ sich das durch die Konzentration auf einen Ort (Qingdao) und damit auch eine Vermittlungsorganisation (CES (China Exchange Services)) realisieren. Diese Eingrenzung hatte zudem den Vorteil, ähnliche Bedingungen für den Aufenthalt hinsichtlich der Auswahl der Familien, des Rahmens der Vermittlungsorganisation und des örtlichen sowie zeitlichen Kontextes zu haben. Da meine eigenen Gastfamilienaufenthalte durch dieselbe Organisation vermittelt wurden, waren wichtiges Hintergrundwissen über Organisation und Ablauf sowie der Zugang zu einer Schlüsselperson bereits vorhanden.

Zu Beginn meiner Untersuchung sollten die deutschen Gäste schon einige Zeit in den Gastfamilien verbracht haben, um über das Zusammenleben ausreichend berichten zu können. Da diese Gastfamilienaufenthalte in der Regel eine Dauer von etwa einem bis fünf Monaten umfassen, erschien ein Befragungszeitpunkt nach ein bis zwei Monaten Gastfamilienaufenthalt als angebracht. Die Organisation ermöglichte mir die Kontaktaufnahme und berichtete gleichzeitig den Kontakten knapp von meinem Vorhaben und der Weitergabe der E-Mail-Adressen. Daraufhin meldeten sich zwei Interessenten sofort, zwei weitere bekundeten auf meine Nachfrage hin ihr Interesse, so dass meine Stichprobengröße vier betrug. Weiteres zur Zusammensetzung der Stichprobe ist in der späteren Ergebnisdarstellung zu finden.

3.3.2 Durchführung der Untersuchung

Interviews mit den deutschen Gästen

Testphase

Im Rahmen dieser Studie war eine umfangreiche Erprobung der Forschungsmethoden nicht möglich. Trotzdem erachtete ich einen Testdurchlauf für die Interviews zu Übungszwecken und für eventuelle Verbesserungen bezogen auf Durchführung, Transkription und Auswertung als notwendig. Ich führte vor dem Aufenthalt in China ein Testinterview mit einem mir bekannten, ehemaligen Gast einer chinesischen Familie in Qingdao durch. Da die Auswertungen des Testdurchlaufes nicht weiter in die spätere Analyse einbezogen wurden, eine Anwendung der Methoden jedoch ermöglicht wurde, erwies sich der Test als nützlich. Der Durchlauf und ein anschließendes Gespräch zeigten, dass Interviewformen, Fragen und Ablauf gut funktionierten. Da die offenen Fragen meinem Interviewpartner ungewohnt erschienen, nahm ich mir vor, Relevantes, das nach dem Interview erzählt wurde, mit Erlaubnis des Interviewten in mein Forschungstagebuch aufzunehmen und für das Gesamtverständnis zu verwenden. Ein zweiter Interviewdurchlauf würde es außerdem möglich machen, spätere Einfälle nochmals aufzugreifen. Verbesserungspotential ergab sich nur im Hinblick auf eine Frage, so dass diese für ein besseres Verständnis umformuliert wurde.

Kennenlerntreffen

Trotz der Problematik persönlicher Nähe zwischen Forscher und Untersuchungsteilnehmer hielt ich ein kurzes Treffen für notwendig, um miteinander ‚warm' zu werden und wichtige Informationen auszutauschen: Nach der kurzen Kennenlernphase erfolgte eine Projekt- und Interviewvorstellung beziehungsweise die Auffrischung der bisher übermittelten Informationen. Ich erachtete es jedoch als wichtig, nicht zu kompliziert zu informieren, um nicht die Vorstellung zu erwecken, dass Erzählungen zu einem bestimmten thematischen Aspekt verlangt würden (Helfferich 2005, 156). Weiterhin wurde dem Interviewpartner die Wahl eines geeigneten Interviewzeitpunktes und -ortes überlassen, um eine entspannte Atmosphäre zu fördern. Die Verwendung von Aufnahmegerät, die Verschriftlichung sowie der spätere Umgang mit den Daten wurden dargelegt und Anonymität sowie Vertraulichkeit zugesichert.

Ich erhoffte mir ein Kennenlernen auf gleicher Ebene, das heißt als Student, der ebenfalls in Gastfamilien in Qingdao gelebt hat. Ein gemeinsamer Erfahrungshintergrund kann problematisch sein, macht jedoch auch eine verständnisvolle Interviewatmosphäre möglich. Bei Fragen über meine eigenen Gastfamilienaufenthalte ging ich kurz darauf ein und versuchte meinen Partnern die damit verbundenen Probleme darzulegen. Dies wurde verständnisvoll aufgenommen; da es sich trotzdem nicht immer leicht gestalten sollte, so vorzugehen, ermunterte ich die Teilnehmer, mir bereits Bekanntes im Interview nochmals zu erzählen, falls es relevant werden würde.

Erster Interviewdurchlauf

Im Mai 2009, etwa zwei Wochen nach dem Kennenlerngespräch, fanden die ersten Interviews, fast ausschließlich in Cafés, statt. Sie dauerten zwischen 50 und 120 Minuten und verliefen ohne nennenswerte Zwischenfälle. Für das gesamte Interview sowie für alle weiteren prägte ich mir Durchführungsplan sowie Leitfragen genau ein, um den Erzählfluss des Interviewpartners so wenig wie möglich zu stören und ein ‚Abhaken' von Fragen zu vermeiden (Helfferich 2005, 95). Die Dreiteilung der Interviews wurde für die Interviewpartner durch Einleitungssätze deutlich voneinander abgegrenzt. Für den ersten Interviewteil, dem narrativen Interview zur persönlichen Situation, war besonders die Erzählaufforderung von Bedeutung:

Erzählaufforderung	Am Anfang möchte ich gern zuerst ein bisschen mehr über dich selbst erfahren. Und zwar vor allem: Wie ist es dazu gekommen, dass du jetzt hier in China bist, in einer Gastfamilie wohnst? Du kannst dazu einfach all das erzählen, was dir dafür wichtig erscheint. Und dir auch soviel Zeit lassen, wie du magst.
Nachfragen	Was hat dich bewogen, nach China zu gehen? / Hast du schon Erfahrungen mit China oder im Ausland gesammelt? / Wie findest du China? / Hast du für dich wichtige Erlebnisse gehabt? Hast du dich auf den Aufenthalt in China vorbereitet? / Was machst du neben dem Gastfamilienaufenthalt?

Tabelle 1: Inhalt des ersten Interviewdurchlaufes, erster Teil

Das themenzentrierte Interview zu Erfahrungssituationen wurde als Hauptteil des Interviews konzipiert. Dieser Teil bezog sich speziell auf den Gastfamilienaufenthalt und der Frage nach bedeutsamen Erfahrungssituationen. Der Einsatz der Leitfragen wurde flexibel gehandhabt und viele Punkte wurden bereits von den Interviewten selbst angesprochen.

Thematische Einführung	Jetzt soll es speziell um das Zusammenleben mit deiner Gastfamilie gehen. Kannst du mir von deinen Erfahrungen mit der Familie erzählen, die du gemacht hast?
Leitfragen	Welche Dinge findest du zum Beispiel: bemerkenswert / anders als gewohnt / unterschiedlich / welche Dinge sind dir aufgefallen? Kannst du dazu ein Beispiel / eine Situation beschreiben? Fandest du diese angenehm / verwirrend / konfliktbehaftet? Wie würdest du dieses Beispiel / diese Situation interpretieren? Wie kommst du zu der Annahme? (Beobachtung, Austausch mit Freunden)

Tabelle 2: Inhalt des ersten Interviewdurchlaufes, zweiter Teil

Im narrativen Interview zu Auswirkungen sollten die Befragten frei über die Veränderungen durch die Gastfamilienaufenthalte erzählen.

Erzählaufforderung	Jetzt möchte ich mich mit dir noch gern über ein bestimmtes Thema unterhalten. Wenn du auf den bisherigen Gastfamilienaufenthalt zurückblickst, welche Auswirkungen hat er auf dich gehabt?
Nachfragen	Verhältst du dich durch den Aufenthalt anders? / Hast du bei dir Veränderungen beobachtet? / Hast du das Gefühl, dadurch etwas gelernt zu haben? / Gibt es noch etwas, was ich nicht angesprochen habe, das du gern noch loswerden möchtest?

Tabelle 3: Inhalt des ersten Interviewdurchlaufes, dritter Teil

Das Ende des Interviews kündigten die Interviewpartner in der Regel durch entsprechende Signale an. Nachdem ihnen die Möglichkeit gegeben wurde, weitere für sie relevante Dinge zu erzählen, wurde das Interview beendet und der weitere Ablauf sowie ein Termin für das nächste Interview vereinbart, welches etwa einen Monat später stattfand.

Zweiter Interviewdurchlauf

Der zweite Durchlauf wies geringfügige Unterschiede auf: Im ersten Teil wurden nun nicht mehr nur Hintergründe, sondern Veränderungen seit dem letzten Treffen erfragt – und damit auch neue Erfahrungen, bei denen die Leitfragen des ersten Durchlaufes beachtet wurden.

Veränderte Erzählaufforderung	Seit dem letzten Interview sind [...] Wochen vergangen. Deswegen erzähl' doch zuerst, was in der Zeit passiert ist oder sich verändert hat. Einfach all das, was du jetzt am Anfang gern loswerden möchtest.

Tabelle 4: Inhalt des zweiten Interviewdurchlaufes, erster Teil

Im zweiten Interviewteil wurden die im letzten Interview erzählten Erfahrungen betrachtet. Durch das erneute Aufgreifen sollten Veränderungen (vor allem von Sichtweisen) analysiert werden. Die Leitfragen blieben bestehen, nur der Beginn wurde wie folgt verändert:

Veränderte thematische Einführung	Jetzt geht's wieder speziell um die Gastfamilien: Wenn du dich an die Situation erinnerst, die du das letzte Mal beschrieben hast, [...] würdest du sie jetzt noch genauso beschreiben und interpretieren? (Falls andere Meinung:) Wie kommt es / kommst du zu der Veränderung / Annahme?

Tabelle 5: Inhalt des zweiten Interviewdurchlaufes, zweiter Teil

Bei der Situationsdarstellung bewährte es sich auf wörtliche Ausdrücke des Interviewten zurückzugreifen, da sofort nachvollzogen werden konnte, was damals gesagt wurde und nicht die Gefahr bestand, dass meine Ausführungen bereits Interpretationen beinhalteten.

Der dritte Interviewteil entsprach dem des ersten Interviewdurchlaufes. Dies ergab sich aus der anfänglichen Unsicherheit darüber, ob zwei Interviewdurchläufe überhaupt machbar wären. In diesem Fall sollten bereits im ersten Interview Auswirkungen erfragt werden, falls ein zweiter Durchlauf nicht stattfinden würde. Alle Interviewpartner nahmen jedoch auch im zweiten Durchlauf in Bezug auf die Frage nach Veränderungen Ergänzungen vor.

Experteninterview

Als Kulturexpertin wählte ich eine Chinesin aus, die selbst Erfahrungen im Ausland – mit Deutschen und anderen Nationalitäten - sammeln konnte und sich zudem beruflich mit Gastfamilienaufenthalten beschäftigte. Aus den Transkripten der Interviews mit den deutschen Gästen wählte ich Erfahrungen während des Gastfamilienaufenthaltes aus, die sich den Gästen als besonders, anders oder fremd, überraschend oder irritierend darstellten. Von Interesse war dabei, a) ob diese Erfahrungen als typisch chinesisch und typisch für Begegnungen zwischen chinesischen Gastfamilien und ausländischen Gästen anzusehen sind und b) welche kulturellen Hintergründe und Ursachen für das Verhalten der Gastfamilie damit in Zusammenhang stehen.

Die Schwierigkeit bestand darin, aus einer beträchtlichen Anzahl von Erfahrungen, die mir in Form von acht, meist mehr als einstündigen Interviews vorlagen, diejenigen auszuwählen, die meiner Meinung nach aufgrund ihrer Interkulturalität, Bedeutung für den Gast und Typik für diese Art von Begegnung explizit Eingang in die Auswertung finden sollten. Da viele gleiche oder ähnliche Erfahrungen herausgefiltert wurden, konnte die Anzahl der Themen für das Experteninterview dezimiert werden. Es wurde ein Leitfaden angefertigt, der Stichpunkte beinhaltete, die die Eckdaten kritischer Interaktionssituationen[10] bildeten; diese waren: 9 Erfahrungen, die mehrere Gäste machten; 4 einzelne Erfahrungen (eine bedeutsame Situation pro Gast) und 6 Fragen zu kleineren Themenbereichen, die vorrangig mir zu Bedeutungsklärung dienten. In einem Interview von etwa neunzig Minuten, das in englischer Sprache durchgeführt wurde, wurden der Expertin die Situationen aus den Gastfamilienaufenthalten vorgestellt. Sie gab an, ob es sich ihrer Meinung nach um interkulturelle (typische) Erfahrungen handelte und welche kulturellen Hintergründe damit in Zusammenhang stehen. Dazu wurden während des Interviews Notizen angefertigt, was problemlos möglich war.

[10] Weiterführend zu *kritischen Interaktionssituationen* siehe Layes (2007).

Insgesamt war das Experteninterview sehr aufschlussreich, wies jedoch mehrere Problemfelder auf: Das Herausfiltern der Situationen, die Übertragung in die englische Sprache und die Wiedergabe (der von anderen erlebten Erfahrungen) durch mich stellten bereits einen selektiven Prozess dar. Es handelte sich zudem (bei den Fragen nach Typik und Hintergründen) tendenziell eher um Meinungsfragen an die Expertin als um Faktfragen; die Antworten der Chinesin waren außerdem stark von den eigenen Erlebnissen in ihrem Heimatland geprägt. Da bei diesem Interview das Wissen aus Erfahrungswerten im Mittelpunkt stand, waren die Aussagen der Expertin hilfreich; jedoch war nicht eindeutig zu klären, inwiefern sie als verallgemeinerbar betrachtet werden können.

Dass Expertin und Forscherin im vorliegenden Fall keine unterschiedlichen hierarchischen Stellungen einnahmen und die Kommunikation aufgrund eines bekanntschaftlichen Verhältnisses ‚auf gleicher Ebene' stattfinden konnte, erleichterte sowohl Interviewsituation als auch Verständnishaltung. (Jedoch war es mir wichtig der Expertin zu vermitteln, dass ihre Kompetenz gefragt war.)

Neben der allgemeinen Problematik der Verständigung zwischen Experte und Nicht- oder Quasi-Experte kamen bei diesem Interview zudem die kulturellen Unterschiede zwischen einer chinesischen Expertin und einer deutsche Forscherin zum Tragen: Nicht immer erschienen mir die Erklärungen der Expertin sofort verständlich oder nachvollziehbar; an einigen Stellen hatte ich das Gefühl, als würden wir ‚aneinander vorbei reden'. Jedoch waren keine der von mir genannten Situationen für die Expertin unverständlich oder nicht eindeutig; zu jeder gab sie zudem sowohl Bewertung als auch Erklärung ab. Das Leitfadeninterview ließ mir Spielraum für Verständnisfragen und Nachfragephasen, mit Hilfe derer es weitgehend möglich war, Zweifel und Unverständliches auszuräumen. (Die wenigen Fälle, in denen dies nicht machbar war, wurden nicht explizit in die Auswertung und Ergebnisdarstellung einbezogen.) Trotz der Sonderstellung, die einem Experteninterview innerhalb der Interviewformen zukommt, und der sich daraus ergebenden Probleme und Risiken, wurde hier die ergänzende und unterstützende Funktion, die diesem Experteninterview zukommen sollte, im Großen und Ganzen erfüllt. (Genaueres zur Problematik und den Erkenntnissen des Experteninterviews findet sich in der Ergebnisdarstellung.)

Beobachtung

Eine teilnehmende Beobachtung im Rahmen meines eigenen Gastfamilienaufenthaltes war machbar, auch um mir selbst Wissen und Verständnis für die Interviews anzueignen. Inwiefern die Notizen in die Auswertung einfließen würden, ließ ich zwar offen, beachtete jedoch die folgenden Fragen, die mir eine gezieltere Beobachtung ermöglichten: Wozu halte ich diese Informationen fest? Mit welchem Ziel? Was trägt die Information zur Beantwortung der übergeordneten Fragestellung bei (Beer 2003b, 131)?

3.3.3 Datenaufbereitung und -auswertung

Protokollierung

Obwohl die Audioaufnahmen der Interviews zeitnah transkribiert wurden, war es mir wichtig, direkt im Anschluss an das Interview einen Protokollbogen auszufüllen, um in Stichworten erste Eindrücke zu notieren, die möglicherweise zum Zeitpunkt der Transkription bereits in Vergessenheit geraten wären, für die spätere Interpretation aber von Bedeutung sein könnten. Dabei war vor allem die Einschätzung der Interviewatmosphäre und -beziehung wichtig, da diese sich stark auf den Interviewverlauf auswirken können (Helfferich 2005, 171). Die Niederschrift würde außerdem die Möglichkeit bieten, meine eigenen impliziten Vorannahmen über die Interviewpartner zu explizieren.

Noch bedeutender als bei Interviews ist die Protokollierung bei Beobachtungen. Bereits während der Beobachtung muss aus einer Fülle von Informationen selektiert werden. Erfolgt die Protokollierung zeitlich weit nach der eigentlichen Beobachtung, ist die Gefahr des Vergessens und der Veränderung der Eindrücke sehr hoch. Mein eigener Gastfamilienaufenthalt erlaubte aber Notizen während des Zusammenlebens, also zeitnah, problemlos und unauffällig.

Transkription

Der Einsatz der Transkriptionsrichtlinien sollte sich nach den Aspekten Einfachheit, Validität sowie gute Lesbarkeit und Korrigierbarkeit richten (Ehrlich 1993; in Kowal/O'Connell 2007, 440). Meiner Ansicht nach würde ein sprachlich standardisierter und von para- und nonverbalen Merkmalen bereinigter Transkriptionstext den Entstehenshintergrund zum Teil vergessen lassen. Deswegen legte ich mich auf die Zeilenschreibweise mit literarischer Umschrift sowie auf einige Notationszeichen für das

Gesprächsverhalten fest. Die literarische Umschrift wurde gewählt, um Besonderheiten der Sprache zu berücksichtigen und den Charakter der mündlichen Äußerung zu erhalten (Kowal/O'Connell 2007, 441). Ich erachtete es außerdem als wichtig, Pausen zu markieren, da besonders längere den Gesprächsfluss erheblich beeinflussen können. Kurze Interviewsignale, sofern diese keine Fragen darstellten und nicht den Gesprächsverlauf beeinflussten, wurden an genannter Stelle eingebaut, um einen fortlaufenden Monolog des Erzählers beizubehalten.

Format	**Zeilenschreibweise**
Verschriftung	Literarische Umschrift; bei Wechsel in starken Dialekt, Wiederholungen, Zwischenlaute (‚Hm',äh') verschriftlichen; Wortabbrüche nicht verschriftlichen
Kürzel	I: = Interviewer; B: = Befragter
(.)	Pause, 1-2 Sek.
(..)	Pause, 2-3 Sek.
(4s)	Pause, ab 4 Sek.
<u>Wort</u>	Betonung eines Wortes
WORT	Wort, Satzteil sehr laut gesprochen
°Wort°	Wort, Satzteil sehr leise gesprochen
( )	Unverständliches (leer: nicht verstanden, Inhalt: vermutetes Gesagtes)
(I: Hm)	Kurze Signale des Interviewers (an der Stelle, wo sie auftauchen)
(lacht)	Sprachbegleitende, para- oder nonverbale Kommunikation
Wort	Einflüsse von außen

Tabelle 6: Transkriptionsrichtlinien

Für die Transkription verwendete ich das Programm f4 von Audiotranskription.de. Anschließend wurden die Texte mit einem Transkriptkopf versehen. Zeilen wurden nummeriert und teilweise Zeitmarken hinzugefügt, um während der Analyse bei Bedarf auf die Aufnahmen zurückgreifen zu können.

Auswertung

Zur Auswertung der Transkripte nutzte ich das Programm ATLAS.ti, das die Analyse durch Memo- und Kodierungsmöglichkeiten sehr erleichtert.

Aufgrund der Verwendung verschiedener Methoden entstanden unterschiedliche Datenformate (Interviewprotokolle, Interviewtranskripte narrativer und themenzentrierter Interviewteile, Notizen des Experteninterviews); durch die Untersuchung mehrerer Aspekte unterschiedliche Inhalte (Biografisches, Erfahrungen in Gastfamilien, Auswirkungen der Gastfamilienaufenthalte). Für die Analyse dieser Daten war deshalb ein Vorgehen notwendig, das ihrer Vielfalt gerecht wurde. Ansätze unterscheiden sich vor allem in Bezug auf ihre Regelgeleitetheit und theoretische Anbindung (vgl. Mayring 2000). Ich entschied mich für ein Vorgehen, das verschiedene Analyseformen miteinander kombiniert und damit der Datenfülle und -komplexität entspricht.

Die von mir gewählte Auswertungsstrategie sollte Theorie- und Regelbezug mit einem offenen Charakter verbinden und stützte sich somit auf die qualitative Inhaltsanalyse nach Mayring (2000), die Grounded Theory (Böhm 2007) und die Analysetechniken für qualitative Interviews (Schmidt 2007; Lucius-Hoene/Deppermann 2004).

Es wurde damit begonnen, im Textmaterial vorkommende Aspekte und Themen, die sich im weitesten Sinne auf die Fragestellung bezogen, zu notieren. Ähnlich wie beim offenen Kodieren in der Grounded Theory wurden Texte Schritt für Schritt untersucht und Daten aufgeschlüsselt (vgl. Böhm 2007). In erster Linie erfolgte damit eine beschreibende Interpretation, bei der präzisiert, segmentiert und schließlich formuliert wurde. Vor allem die Segmentierung nach Inhalten schaffte eine Abgrenzung verschiedener im Text vorkommender Themen voneinander. Bei der Analyse der Interviews konnte aber auch eine sprachliche Segmentierung Aufschluss über verschiedene Aspekte geben (vgl. Lucius-Hoene/Deppermann 2004). Dabei war es jedoch noch nicht von Bedeutung, dass diese sich gleichten oder auf theoretischen Vorannahmen basierten, stattdessen wurden Ähnlichkeiten notiert und In-Vivo-Codes (sogenannte umgangssprachliche Deutungen) genutzt (vgl. Schmidt 2007; Böhm 2007). Nach diesem explorativen Schritt formulierte ich erste Kategorien, die mit der Zeit immer deutlicher wurden. Sie wurden im Anschluss zuerst intra-, dann interkontextual verglichen. Gemäß dem axialen Kodieren in der Grounded Theory wurden um die bisher gebildeten Kategorien Beziehungsnetze aufgebaut. Zusammenhänge konnten sich auf Ursachen und Wirkungen, Kontext (Zeit, Ort, Dauer), intervenierende Bedingungen (sozial, politisch, kulturell, persönlich), Handlungen und Interaktionen beziehen (Böhm 2007, 479). Dieser Schritt erschien mir besonders sinnvoll, da Datenmengen auf diese Weise wesentlich übersichtlicher gestaltet werden können, ohne dass Inhalte ausgeblendet werden müssen.

Nach dem intra- und interkontextualen Vergleich der Datenformate *einer* Person wurden die gewonnenen Kategorien für die Einzelfallanalysen verarbeitet. Für die Erstellung der Kurzportraits fanden die ersten Interviewteile des ersten Durchlaufs besondere Beachtung. Aber auch anderes Datenmaterial wurde, sofern für das Gesamtverständnis relevant, genutzt (vgl. Mayring 2000; Böhm 2007). Zum Schluss wurde aus dem gesamten Material ein zentrales Phänomen für jede Person herausgearbeitet.

Die fallübergreifende Analyse erfolgte analog, jedoch auf das Datenmaterial *aller* Personen bezogen. Dies gewährleistete zugleich, dass Material immer wieder gelesen und im Sinne der Hermeneutik wiederholt Textbezug hergestellt wurde. Im Gegensatz zu den Kurzportraits orientierte sich die fallübergreifende Analyse stärker an den zweiten und dritten Interviewteilen des jeweiligen Durchlaufes, weitere Daten wurden zur Bedeutungsklärung einbezogen. Während sich bei den Kurzportraits die Kategorienbildung nicht an einer bestimmten Forschungsfrage orientierte, war bei der fallübergreifenden Analyse eine Anlehnung an die Interviewstruktur gewünscht. Es wurden Kategorien gebildet, die sich im weitesten Sinne unter die Punkte Erfahrungen und Dispositionsveränderungen subsumieren ließen. Aspekte, die in verschiedenen Kategorien immer wieder auftauchten, wurden auf ihre Bedeutung als Kernkategorie für andere Forschungsteilfragen überprüft und zur Darstellung weiterer Ergebnisse genutzt.

4. Ergebnisdarstellung

4.1 Überblick

Einzelfallanalysen

Da individuelle Veränderungsprozesse einen wichtigen Stellenwert im interkulturellen Lernen einnehmen, ist eine Auseinandersetzung mit jedem einzelnen Interviewpartner unerlässlich. Der erste Teil widmet sich deshalb den Einzelfallanalysen: Zu Beginn wird ein kurzer biografischer Überblick gegeben und im Anschluss daran der Chinaaufenthalt mit Hilfe eines Kernthemas charakterisiert, um die anschließenden Ausführungen zu Gastfamilienaufenthalt und Veränderungen einordnen zu können und verständlich zu machen. Insgesamt wird versucht, einen Einblick in die vielschichtigen und individuellen Einflüsse auf interkulturelles Lernen bei Gastfamilienaufenthalten zu geben. An dieser Stelle werden die Interviewpartner jedoch zuerst kurz vorgestellt:

Teilnehmer	Kurzvorstellung
Anna	23 Jahre, Studentin (Politikwissenschaft), Praktikum in Qingdao Aufenthalt Gastfamilie: Zeitpunkt 1. Interview etwa 2 Monate; gesamt etwa 5 Monate; Vorerfahrungen / Vorkenntnisse China: Ja
Damaris	27 Jahre, Studentin (International Management), anfangs Sprachkurs und Praktikum, dann Freizeitgestaltung und Reiseplanung in Qingdao Aufenthalt Gastfamilie: Zeitpunkt 1. Interview etwa 1 Monat; gesamt etwa 3 Monate; Vorerfahrungen / Vorkenntnisse China: Nein
Frank	30 Jahre, Student (International Finance), Praktikum in Qingdao Aufenthalt Gastfamilie: Zeitpunkt 1. Interview etwa 2 Monate; gesamt etwa 3 Monate; Vorerfahrungen / Vorkenntnisse China: Ja
Thomas	22 Jahre, Student (Maschinenbau), Sprachkurs und Praktikum in Qd. Aufenthalt Gastfamilie: Zeitpunkt 1. Interview etwa 1 Monat; gesamt etwa 5 Monate; Vorerfahrungen / Vorkenntnisse China: Nein

Tabelle 7: Kurzvorstellung der Interviewteilnehmer

Die vier Teilnehmer sind bezüglich der folgenden Merkmale heterogen: Zwei von ihnen sind sogenannte ‚Selbstmelder', zudem besitzt die Hälfte der Teilnehmer Vorerfahrungen in Bezug auf China und es handelt es sich um zum gleichen Teil männliche und weibliche Teilnehmer.

Dahingegen sind alle vier Teilnehmer Studenten, was jedoch nicht weiter verwundert, da Studenten die Hauptkunden dieser und vieler anderer Vermittlungsorganisationen sind und sich vor allem junge Menschen für Gastfamilienaufenthalte entscheiden.

Einer der Gäste wechselte nach dem ersten Interview seine Gastfamilie. Ich beschloss trotzdem, auch das zweite Interview wie geplant durchzuführen, denn ein Familienwechsel kommt bei solchen Aufenthalten recht häufig vor. Zwar bringt er veränderte Bedingungen und neue Erfahrungen mit sich, dies ist aber auch innerhalb einer Gastfamilie möglich. Die Durchführung selbst musste nicht verändert werden. Es ist zudem von Interesse, mögliche Auswirkungen eines Wechsels auf interkulturelles Lernen zu betrachten.

Fallübergreifende Analyse

Im zweiten Teil werden die Gastfamilienaufenthalte personenübergreifend analysiert. Da interkulturelle Erfahrungen Grundlage interkulturellen Lernens sind, stehen diese im Mittelpunkt. Dem Experteninterview kommt hier eine zentrale Rolle zu: Erfahrungssituationen, die mehrere Interviewpartner erlebt haben, wurden im Experteninterview auf Interkulturalität überprüft. Diese waren: die Problematik des Ausgehens, die Bedeutung des Essens, der Mangel an Informationen, die Bedeutung von Familie, das Bemühen um den perfekten Eindruck, das mangelhafte Hinterfragen von Sachverhalten, die Behandlung von Ausländern, das Gewähren von Privatsphäre und das Verbergen von Gefühlen. Bis auf die Erfahrung ‚Gewähren von Privatsphäre', die sich nicht als typisch chinesisch herausstellte, konnten bei allen anderen Erfahrungen kulturelle Ursachen gefunden werden.[11]

Besonders die ersten vier wurden von der Expertin als wichtig und typisch chinesisch gewertet. Da diese Themen außerdem am häufigsten angesprochen wurden, bilden sie die Grundlage der fallübergreifende Analyse. In dieser wird außerdem, um die kulturellen Zusammenhänge der Erfahrungssituationen anschaulich zu machen und um diese mit den Interpretationen der Erfahrungen durch die Gäste zu vergleichen, zeitweise auf die Erklärungen der Expertin zurückgegriffen.

[11] Hierbei handelt es sich um Anpassungsleistungen der Gastfamilien: Ihnen wurde von der Vermittlungsorganisation geraten, ihren Gästen soviel Privatsphäre wie möglich zu gewähren.

Auf eine Darstellung der vier Themen folgen (in Anlehnung an die Ausführungen im Kapitel Interkulturelles Lernen) weitere Präzision und Einordnung der Erfahrungen in die Bereiche ‚Bedeutung der Erfahrung' und ‚Veränderungen von Verhalten und Verhaltenspotential'.

Experteninterview

Im vorherigen Abschnitt wurde bereits auf erste Erkenntnisse aus dem Experteninterview eingegangen. Neben den eben genannten, neun fallübergreifenden Erfahrungen wurden der Expertin weitere Erfahrungen und Themen vorgestellt, die hier im Einzelnen nicht expliziert werden können. Unter anderem wurden aber folgende Erfahrungssituationen angesprochen, die in den späteren Einzelfallanalysen zu finden sind und dort eine ausführlichere Darstellung erfahren: Das fehlende Trösten des Kindes (Anna), das Problem der Indirektheit (Damaris), die ‚Boilergeschichte' (Frank) oder das schlechte Frühstück nach dem abendlichen Ausgehen (Thomas).

Obgleich die Ergebnisse des Experteninterviews selbst nicht komplett aufgeführt werden können, soll anhand der weiter oben genannten Erfahrung ‚Verbergen von Gefühlen' kurz erläutert werden, worin die Charakteristik des Interviews bestand:

Zwei der Gäste berichteten mir in ihren Interviews, dass sie das Gefühl hatten, ihre chinesischen Gastfamilien würden Gefühle kaum zeigen. (Anna beschreibt beispielsweise eine Situation, in der das weinende Kind von seinen Eltern nicht in den Arm genommen und getröstet wird.)

Ich bemühte mich einerseits, der Expertin gegenüber die allgemeinen Eindrücke bzw. Erfahrungen der Gäste wiederzugeben und andererseits, konkrete Beispiele aufzuführen.

Im Allgemeinen wertete die Expertin dieses Thema nur teilweise als ‚chinesisch' und empfand nicht zwingend, dass in China Gefühle nach außen hin kaum gezeigt werden. Sie begründete, dass man seinen Gefühlen verbal kaum Ausdruck verleihe und die Notwendigkeit dazu nicht bestehe. Vielmehr würde man dies indirekt kommunizieren – Zuneigung beispielsweise durch ausgiebiges Umsorgen und große Besorgnis um das Wohlergehen des Gegenübers ausdrücken. Das Zeigen von Gefühlen durch Gesten und Berührungen, wie zum Beispiel mit einer Umarmung, sei jedoch durchaus normal. Annas Erfahrung in Bezug auf das fehlende Trösten des Kindes empfand die Expertin als weniger typisch.

Im vorliegenden Fall waren also folgende Aspekte zu betrachten: Eine von den Gästen (und möglicherweise auch von mir) wahrgenommene Zurückhaltung von Gefühlen kann aus Sicht der Expertin einen normalen Umgang mit diesem Thema darstellen – ihre Aussage könnte dahingehend (miss-)verstanden werden, dass Chinesen Gefühle im Alltag im selben Maße zeigen würden wie in Deutschland. Außerdem handelt es sich bei meiner Kulturexpertin um eine Chinesin, die aufgrund ihres Alters, ihres Lebens in einer ‚modernen' Großstadt und ihrer internationalen Erfahrungen möglicherweise lockerere Vorstellungen davon besitzt, inwiefern man Gefühle zur Schau stellen kann.

Zudem ist, wie oben bereits anklingt, zu klären, inwiefern sich das Zeigen von Gefühlen auf eine für ‚deutsche' Verhältnisse *direkte* Art und Weise bezieht.

Die Problematik dieses Interviews bestand also neben den bereits im Methodenkapitel aufgeführten Besonderheiten eines Experteninterviews in der Vielschichtigkeit der einzelnen Themen, die Erkenntnisse in Form von Fakten fast unmöglich machten. Deswegen war von Bedeutung, die Erfahrungen der Gäste so konkret wie möglich darzustellen, die Aussagen der Expertin von allen Seiten zu beleuchten, nachzufragen und vor allem stets die kulturellen Differenzen während des Interviews (zum Beispiel in der Art und Weise der Kommunikation) in Betracht zu ziehen.

Insgesamt lieferte das Interview wichtige Erkenntnisse; ein Großteil der Erfahrungen, die dort zur Sprache kamen, wurden von der Expertin als typisch chinesisch bewertet. Dies gibt Hinweis darauf, dass das Erleben interkultureller Erfahrungen in Gastfamilien wahrscheinlich ist.

4.2 Einzelfallanalysen

4.2.1 Anna

Portrait

Anna entscheidet sich im Rahmen eines Pflichtpraktikums, nach China zu gehen. Die Gründe für ihre Wahl sind vielfältig: Ihr Interesse für asiatische Länder bringt sie nach der Schulzeit zuerst für ein halbes Jahr nach Indien, wo sie in einem Kinderheim arbeitet. Da ihr dieser Aufenthalt unter anderem in Bezug auf Essen und Religion nicht so zusagt, wendet sie sich einem anderen asiatischen Land zu: Der Kontakt zu und das Interesse ihrer Großeltern für China aufgrund der früher ‚ähnlich gelagerten politischen Richtung' und ihre eigene DDR-Kindheit schaffen eine Verbindung zu China und Anna entschließt sich für ein Studium der Politik und Sinologie. Nach einem Abbruch konzentriert sie sich auf Politikwissenschaften, entscheidet sich jedoch bereits früh für ein Praktikum in China, um ihrer Vorerfahrungen nicht ungenutzt zu lassen. Für die Vorbereitung auf China nimmt sie sich viel Zeit, um alle erdenklichen Informationen über Land, Kultur und Geschichte aus Büchern, Artikeln oder Dokumentationen aufzusaugen, fühlt sich jedoch ungenügend informiert und ist bestrebt, endlich ihre eigenen Erfahrungen machen zu können. Zudem tragen familiäre Probleme, Probleme im Studium und mit den WG-Mitbewohnern sowie Überarbeitung dazu bei, sich von Deutschland ab- und China zuwenden zu wollen. Dass die Praktikumsvermittlung Gastfamilienaufenthalte anbietet, ist für Anna eine günstige und auch ansprechende Option, der Kultur und dem Familienleben in China näher zu kommen.

In China angekommen gewinnt sie schnell einen positiven Eindruck und ist überrascht, dass vieles nicht so anders ist, vor allem im Vergleich mit Indien. In ihrer Gastfamilie fühlt sie sich schnell sehr wohl, so dass sie ihre Test-Aufenthaltsdauer von zwei auf die gesamten fünf Monate ihrer Praktikumsdauer verlängert. Dieses absolviert sie in der Firma der Vermittlungsorganisation und beschäftigt sich somit auch mit Gastfamilienaufenthalten anderer. Nebenbei unterrichtet sie Englisch und nimmt Karate-Unterricht. Zeit für Gemeinsames mit der Gastfamilie findet sich somit meist am Wochenende für Ausflüge, da unterschiedliche Arbeitszeiten selbst gemeinsame Mahlzeiten unter der Woche kaum möglich machen.

,Harmonie' als Dreh- und Angelpunkt

> Und ähm, ich fühl mich hier mehr sozusagen meinem (.) wie sagt man denn das, meiner Natur (I: Ja) entsprechend sozusagen. Ja, also fühl ich mich einfach besser aufgehoben. (I: Hm) Das macht einen natürlich zufriedener. (Anna I 777:779)

Für Anna ist das Wohlbefinden, das harmonische Leben in China und das harmonische Zusammenleben mit der Familie, sowohl ideale Rahmenbedingung als auch eigenes Handlungsziel. Nach einer aufwühlenden Zeit in Deutschland stellt der Chinaaufenthalt an sich schon einen Kontrast dar, da sie Stress und Probleme erst einmal hinter sich gelassen hat. Auch im Vergleich mit Indien, den sie während der Interviews wiederholt zieht, ist China von Beginn an weitaus weniger extrem.

> Und ähm (.) ja dann kam ich irgendwie auf dem Flughafen an, und alles war sauber. Das war schon mal das Erste. (I (lacht kurz)) So und in Indien is halt grundsätzlich erstmal alles dreckig. (Anna I 163:164)

Zudem stellt sich bei Anna schnell das Gefühl ein, dass Ansichten und Werte in diesem Land und in ihrer Gastfamilie mit ihren Einstellungen und Vorstellungen eines idealen Umfeldes übereinstimmen.

> Dann sahs schon so aus, als ob ichs Studium deswegen abbrechen müsste. (I: Hm) Und lauter so Sachen. Es kam halt alles auf einen Haufen. [...] Und ähm, ja und jetz is alles, alles gut sozusagen. Alles gut gelöst. (I: Ja) Hat sich alles in Wohlgefallen aufgelöst. (Anna I 880:882, 902:903)

> Und ähm, deswegen kommt mir das insgesamt halt hier einfach, also mir kommt die Art, wie ich jetz in der Familie lebe, aber mir kommt auch mein ganzes Umfeld (.) von meinen Vorstellungen über Zusammenleben einfach sehr entgegen. (Anna I 768:770)

Positive Erfahrungen macht sie zum Beispiel im Alltag, da ihr die Unverbindlichkeit und Freundlichkeit in der Interaktion mit Chinesen gefällt. Trotzdem achte und respektiere man einander. Anna fühlt sich nicht bedrängt und hat das Gefühl, sich „frei bewegen" zu können (Anna I 199). Zwar ist ihr ein Sonderstatus als Ausländerin bewusst; ihre Beobachtungen, dass Chinesen in der Öffentlichkeit – beim Sport, Tanzen oder Singen – nicht kopfschüttelnd betrachtet werden, hinterlässt aber einen tiefen Eindruck. Auch in ihrer Gastfamilie macht sie ähnliche positive Erfahrungen: Die Familie stehe an erster Stelle, man lasse sich aber auch Freiräume.

Neben diesem sich durch äußere Umstände einstellenden Gefühl der Ausgeglichenheit sucht Anna diese Ruhe jedoch bewusst auch selbst. Nach China zu gehen ist für sie die Abkehr von einem Lebensabschnitt, in dem sie sich nicht wohl fühlte. Trotzdem stellt sie sich auch in China auf Schwieriges und Befremdliches ein, das zu ihrer Überraschung aber fast nie eintritt – einen „Kulturschock" habe sie nie gehabt. In China angekommen sucht und findet sie deshalb einen Rückzugsraum, Probleme haben sich in „Wohlgefallen" aufgelöst.

> Also der, der Fixpunkt war, ja der Fixpunkt war halt immer, dass ich gesagt hab, ich muss, ich muss aus Deutschland weg. Weil in Deutschland bin ich immer zu nah an den ganzen Sachen ran, die mich irgendwie aus der Fassung bringen. (Anna I 873:876)

> Also [...] also ich hatte jetz keinen Kulturschock. (I: Ja) Das war so das. Ich hatte keinen Kulturschock, ich hab die ganze Zeit drauf gewartet. (Anna I 186:187)

Ihr gutes Chinabild kann auch dazu beitragen, Erfahrungen positiv zu sehen, die sie sonst vielleicht als störend empfunden hätte. Da sie sich ausgeglichen fühlt, fällt es ihr leicht, die für sie befremdlichen Situationen zu tolerieren. Dass sie bei eigenen Handlungen auf Problemvermeidung achtet, zeigen mehrere Aspekte: Sie hat bereits mitbekommen, dass Konfliktvermeidung in China wichtig ist; sie möchte entsprechend und angemessen reagieren; dieses Verhalten kommt ihren Vorstellungen entgegen und trägt dazu bei, die von ihr empfundene Harmonie zu wahren. An mehreren Beispielen wird deutlich, dass Anna Konflikte vermeiden will, um das Zusammenleben mit ihren Mitmenschen reibungslos zu gestalten. So wartet sie zum Beispiel zusammen mit ihrer Gastfamilie nach einem Unfall des Gastvaters stundenlang im Krankenhaus, obwohl sie sich fehl am Platze fühlt.

> Es hätte sich vielleicht auch anders entwickeln können, also wenn da jetz - sag ich mal n doofer Deutscher, also jetz jemand der da eben komplizierter is, der dann gesagt hätte: Ja, (.) das find ich nich gut, dass ich da, dass die mich da jetz den ganzen Tag im Krankenhaus festgehalten haben. Da möcht ich nich mehr leben oder so. Oder sich da irgendwie dumm angestellt hätte oder (I: Ja) was weiß ich. Ähm, (.) dann hätte das natürlich auch anders ausgehen können. (Anna II 163:167)

Auch an anderer Stelle hält sie sich beispielsweise mit Fragen an Freunde der Familie zurück, weil sie sich nicht sicher ist, ob diese in irgendeiner Weise unangenehm sein oder die Stimmung trüben könnten.

> Ja und deswegen, na ja beim Arbeiten kommts sehr schnell auch auf Probleme. Und es is halt immer sehr unverblümt, über Probleme zu sprechen. (I: Hm) Also Chinesen reden ja gern über lustige, fröhliche, belanglose Dinge (I: Ja) einfach irgendwie beim Essen, das weiß ich auch. (I: Da würdest du dir dann den Kopf zerbrechen) Und dadurch isses - ja, und dadurch isses, ich will die auch nich unnötig auf irgendwas bringen, über n Thema worüber sie gar nich sprechen möchten. (Anna I 490:494)

Der Gastfamilienaufenthalt

> Aufeinander dann einlassen, wenn man das Wissen auch hat. (Anna II 187)

Anna gefällt es in ihrer Familie, da die Balance zwischen Vertrautheit und Privatsphäre für sie genau passt, so dass sie sich wohl fühlen kann. Mit fortschreitender

Aufenthaltsdauer wächst der Zusammenhalt und Anna fragt sich manchmal, ob sie sogar Familienmitglied ist. Gasteltern und Gastbruder geben ihr durch das intakte Familienleben Rückhalt und es sind nur ‚Kleinigkeiten', die sie stören oder die sie konfliktbehaftet findet. An einem Beispiel lässt sich das Kernthema gut nachvollziehen: Annas Gastfamilie klärt sie nur spät oder gar nicht über gemeinsame Wochenendpläne auf, so dass eigene Planungen schwierig werden und es Überschneidungen geben könnte. Anna möchte die Familie jedoch nicht mit einer Absage konfrontieren.

> Die informiern mich jetz nich irgendwie ne Woche vorher, was sie am Wochenende machen. (I: Ja) Also in der Regel jetz nich. Äh, wenn ich nich gezielt irgendwie nachfrage. Aber ich weiß ganz genau, dass die schon länger, (I: Hm) also jetz mittlerweile habs dann mitgekriegt, dass die schon länger vorher wissen, dass sie das definitiv an dem Wochenende machn. (I: Aha) (.) Und, ich krieg das dann, das war jetz am Anfang zumindest immer so, ich krieg das mal so einen Tag vorher irgendwie gesagt. (Anna I 296:302)

> Ähm, (.) ich habs mir jetz aber angewöhnt, wenn ich Unterricht hab, ich hab ja nur aller zwei Wochen. (I: Hm) Dass ich denen das dann auch wirklich immer vorher sage, also dann auch von mir aus irgendwie vorher sage: Ich hab das und das und das vor, (.) (I: Schon mal Bescheid sagen) und dann eben nochmal - ja - und dann eben nochmal nachfrage: Wisst ihr schon, was ihr am Wochenende macht. (I: Hm) Und, man muss halt nur immer dran denken, weil ich bin das halt nich gewöhnt und ich muss mir dann wirklich vorher so klar machen so: Jetz denk aber auch dran, die wirklich zu fragen. (Anna II 375:381)

Anna hat erkannt, dass es sich hierbei um ein wiederkehrendes Phänomen handelt und – um eine Konfrontation zu vermeiden, zu der es immer wieder kommen könnte – stellt sie sich um und entschärft mögliche Konflikte. Sie möchte so ein gutes Verhältnis wahren und die Möglichkeit, weiterhin Gemeinsames mit der Gastfamilie unternehmen zu können, nicht missen. Da ihr das harmonische Familienleben gefällt, ist es möglicherweise auch folgende Situation, die für sie eher das Gegenteil von Nähe und Vertrautheit im Familienleben darstellt, und die sie deswegen mit Abstand am ‚schlimmsten' findet:

> Und mein Gastbruder, der hat dann auch an dem Tag irgendwie, hat der dann auch, (.) der fing dann irgendwie voll an zu weinen, weil der sich halt Sorgen gemacht hat, was jetz mit seinem Vater is. (I: Ha) Und das war halt voll komisch, weil wir standen da in dem Zimmer irgendwie und der Vater lag da auf dem Bett oder so - leicht schmerzverzerrtes Gesicht. Und dann, mein Gastbruder fängt auf einmal an zu heulen, und normalerweise (..) also der hat halt nur so sein Cappy vors Gesicht gehalten

> und hat so in sich rein geschluchzt. Und normalerweise würdest du doch als Eltern, würdest du doch dein Kind in n Arm nehmen, oder? Oder irgendwas. (I: Denkt man) Die standen halt nur da und ham nichts gesagt. Also beziehungsweise die Mum, stand einfach nur daneben, hat nichts gesagt. Die ham einfach nich reagiert. (.) (I: Ja. (.) Was meinst du warum das) Ich, ich hab keine Ahnung irgendwie, total komisch. Also so (.) ich weiß nich, ob das jetz irgendwie so chinesisch is, das man jetz dann einfach sagt - ja man weint vielleicht auch nich als Junge oder (.) die wussten glaub ich selber nich, wie sie reagiern sollten. Vielleicht warn sies einfach nich (.) gewöhnt und (.) ich weiß es nich, aber ich fands total strange, also so. (I: Ja) Oder man, weil ich halt vielleicht mit dabei war, das man - (.) wobei die da sonst auch nich so sind. (.) Aber dass man dann einfach keinen so Körperkontakt einfach auch hat. (I: Hm) Also sie ham dann schon irgendwie was, ich mein ich habs nich genau verstanden, aber so n bisschen versucht, dann ihn zu beruhigen - aber sie ham ihn dann einfach so ausweinen lassen und dann war halt wieder okay. (I: Ja) (.) Aber da hab ich wirklich nur so gedacht so: Boah, ich bin hier grad echt im falschen Film. Also so (.) (I: Ganz unverständlich) Schlimmer gehts nich. (Anna II 49:67)

Annas Erzählungen drehen sich vielfach um Individuelles. Einerseits konzentriert sie sich stark auf zwischenmenschliche Begebenheiten; bezieht also umfassend äußere und persönliche Umstände der Familie und von sich selbst in ihre Überlegungen ein. Andererseits ordnet sie viele Erfahrungen nicht zwingend einem kulturellen Ursprung zu: Dass der Sohn sehr viel lernen muss, bringt sie primär mit dem Beruf der Mutter als Schuldirektorin in Zusammenhang. Vorstellbar wäre, dass ihre Zuschreibung zu individuellen Ursachen damit zusammenhängt, dass sich Anna mit Werten und Gewohnheiten in der Familie gut identifizieren kann, diese als wenig fremd betrachtet. Außerdem stelle sich ihre Gastfamilie auch auf sie ein und ihre eigenen Gewohnheiten für sie um, wie Anna bemerkt (indem sie zum Beispiel Anna bei Mahlzeiten nicht zum Weiteressen drängt). Das könnte Anna wiederum als Vorbild dienen und im Sinne einer gegenseitigen Rücksichtnahme ihr eigenes Verhalten beeinflussen.

Die Veränderungen von Verhalten und Verhaltenspotential

Annas Zitat zu Beginn des Abschnittes ‚der Gastfamilienaufenthalt' zeigt einerseits eine von ihr vertretene Notwendigkeit des Wissenserwerbes über andere Gewohnheiten und andererseits die Bereitschaft, dieses Wissen auch für angemessenes Verhalten zu nutzen. Dieses Bedürfnis ergibt sich zusammen mit dem Wunsch nach einem reibungslosen Zusammenleben, und damit meist auch dann, wenn ihr Situationen oder die dafür angemessenen Reaktionen missfallen.

> Dann warn die zufrieden, ich war - für mich wars okay und ich dacht mir so: Weißte, wir wissen doch beide die Wahrheit. Das is irgendwie - ah, das is so schön chinesisch so! Wir ham beide unser Gesicht bewahrt und (.) und ich bin das halt nich gewöhnt irgendwie so Notlügen, selbst Notlügen mach ich halt ungern. Aber es is, es geht halt nich anders. Weil ich wollt die jetz nich in die Pfanne hauen, dass die sich outen müssen, dass sie bei mir in der Firma angerufen haben. (Anna II 527:532)

Anna ist es sehr wichtig, für sie bedeutsame Erfahrungen sowie eigene Gefühle und Handlungen zu reflektieren. Neben dem Wunsch nach Harmonie und kulturadäquatem Verhalten trägt dies dazu bei, für sie nützliches Wissen und Handlungsanleitungen im Umgang mit Chinesen zu erlangen. Gleichzeitig erkennt sie, dass sie Verhaltensweisen in bestimmten Situationen mehr und mehr vorhersehen kann.

> Und, ich hab mir jetz die Zeit genommen, irgendwie zu reflektiern (I: Hm) und immer wieder zurück zu schaun, wo was hab ich auch bis jetz gemacht und was hab ich erlebt und warum hab ich mich in der Situation vielleicht irgendwie komisch gefühlt, also wenn auch nich wirklich unwohl. Aber irgendwie merkwürdig gefühlt. (I: Ja) Und was kann ich das nächste Mal irgendwie anders machen oder besser. (Anna I 743:748)

> Hm, (.) nee, also wie gesagt, sind halt einfach jetz nur n paar mehr Situationen aufgetaucht, wo ich dann einfach gemerkt hab: Ah, okay - das kenn ich schon, da hab ich schon mal, da bin ich in n Fettnäpfchen getreten oder so oder hab ich komisch gefühlt - deswegen mach ichs jetz anders. (Anna II 811:813)

Gleichzeitig führt ihre Reflexionsfähigkeit dazu, dass sie auch andere Blickwinkel in Betracht zieht:

> Aber die Oma is für mich immer noch so ne Kuriosität und andersrum glaub ich auch - wenn du mit der n Interview machen würdest, würde die dir das Gleiche über mich erzählen. (Anna II 619:620)

Jedoch lassen sich darin nur eingeschränkt Perspektivwechsel im Sinne der Relativierung eines *eigenkulturellen* Orientierungssystems und Weltbildes erkennen. Anna bemüht sich jedoch, die Sicht anderer in ihre Überlegungen einzubeziehen – dies ist für eine Verständnishaltung und ein Bewusstsein adäquater Handlungen förderlich und begünstigt umfassendere Perspektivwechsel.

Wie sich bereits weiter oben zeigt, hat Anna auch Vorstellungen davon, wie man sich als Deutscher, beziehungsweise Westler, inadäquat verhalten kann. Solch ein Bewusstsein des eigenkulturellen Orientierungssystems findet sich in folgendem Auszug, der aber auch zeigt, dass sie einige westliche Muster kritisch und als negativ betrachtet, so wie sie bereits zuvor das mögliche Verhalten eines ‚doofen Deutschen' beschreibt. Annas Wertung anderer Ausländer ergibt sich vielleicht auch aus ihrer Verbundenheit zu Werten in China:

> Und ähm, (.) da is eher so, spielt halt so ne viel wichtigere Rolle irgendwie - wie gehts einem selber. (I: Ja) Ja. (.) Aber im Zusammenleben mit den andern. (I: Hm) Also jetz nich so dieser Egoismus, (..) ja sondern (.) man achtet schon auch aufeinander. (I: Ja) Also so wie mit dem Tee einschenken, zum Beispiel oder so. Ja. (I: Ja) (.) Das find ich, das is was äh, Besonderes. Das is was, was die Kultur auch mit ausmacht. (I: Hm) Ja. Das sin nur so ganz kleine Dinge, ich glaub dass das vielleicht sogar viele Westler auch gar nich sehn, oder bemerken. (.) Weil sie so in ihrem eigenen so (.) Tunnelblick sozusagen so (I: Ha) drin sind und das vielleicht gar nich auffällt. (Anna I 700:707)

Anna bemüht sich insgesamt um ein Verständnis fremdkultureller Zusammenhänge und versucht auch, stereotype Wahrnehmung zu vermeiden, indem sie beispielsweise Verhaltensweisen nicht prinzipiell als typisch chinesisch kennzeichnet, sondern die konkreten Umstände einer Situation betrachtet und eine solche Zuweisung mit Vorsicht behandelt. Jedoch birgt dies auch die Gefahr, Handlungen zu häufig auf persönliche Ursachen zurückzuführen.

> Hm, (.) ja also wie gesagt, das war jetz die eine Situation, wo ich jetz gedacht hab, das is jetz vielleicht wirklich kulturell bedingt, war das wo mein Gastbruder geweint hat. (I: Hm) Das war jetzt, was was mir dann wirklich so gravierend aufgefallen is [...] (Anna II 299:301)

Ihre Gastfamilie nimmt während des Auslandsaufenthaltes und auch in Bezug auf ihre Dispositionsveränderungen mit hoher Wahrscheinlichkeit eine wichtige Rolle ein. Für sie ist die Familie Rückhalt und Ort sozialer Integration. Kritische, aber auch positive Interaktionssituationen mit ihrer Familie werden berichtet und Anna beschäftigt sich eingehend damit. Deswegen ist zu vermuten, dass die oben angesprochenen Veränderungen zum großen Teil dem Aufenthalt in der Familie zuzuschreiben sind. Außerdem bietet der Gastfamilienaufenthalt einen Zugang zu chinarelevanten Themen, die Anna interessieren: Die Gastmutter ermöglicht ihr einen Besuch in einer chinesischen Schule, den Anna sehr aufschlussreich findet. Das Zusammenleben mit der chinesischen Großmutter gibt ihr zudem Hinweise auf geschichtliche Vorgänge, vor allem während der Kulturrevolution, und auf die Lebensweise in Drei-Generationen-Haushalten in China.

4.2.2 Damaris

Portrait

Da Damaris Internationales Management studiert hat, ihre Abschlussnote jedoch noch aussteht und sie die Zeit sinnvoll überbrücken will, fasst sie ursprünglich den Plan, in einem englischsprachigen Land mit einem Praktikum ihr Wirtschaftsenglisch zu verbessern. Letztendlich fällt ihre Wahl jedoch auf eine englischsprachige Firma in Qingdao: Die Praktikumssuche in englischsprachigen Ländern erweist sich als schwierig und lenkt ihre Aufmerksamkeit auf asiatische Länder. Nach einem neunmonatigen Aufenthalt in Neuseeland und Australien hofft Damaris auf Einblicke in einen anderen Kulturkreis und wertvolle Erfahrungen für das spätere Berufsleben. China ist ‚anders', das Praktikum ist einfach zu organisieren und Qingdao gefällt ihr sehr gut.

Zur Vorbereitung liest Damaris einen China-Knigge, den sie auch nach der Ankunft hin und wieder zu Rate zieht, und kauft einen Reiseführer, da sie nach Beendigung des Praktikums plant, China zu erkunden.

Die Möglichkeit in einer Gastfamilie zu wohnen, findet Damaris praktisch, es ist ihr jedoch wichtig, dass diese Englisch spricht, da sie noch über keinerlei Chinesischkenntnisse verfügt. In Qingdao angekommen nimmt sie deswegen vormittags Sprachunterricht, ist nachmittags bei der Praktikumsfirma und lernt abends. Die gemeinsame Zeit mit der Gastfamilie ist deshalb sehr beschränkt, jedoch sind ihr die Gasteltern zu Anfang im fremden Alltag eine Hilfe.

Nach vier Wochen muss sie die Gastfamilie, mit der sie ihrer Meinung nach ‚Glück gehabt' hat, aufgrund der Pflegebedürftigkeit der Großmutter verlassen, das Praktikum bricht sie aufgrund der Aussichtslosigkeit ab. Ihre neue Gastfamilie verlässt sie bereits nach einigen Stunden, da sie sich zusammen mit dem einzig anwesenden Gastvater nicht wohl fühlt und wohnt für einige Tage im Hotel, bis eine neue Familie gefunden ist.

In dieser wohnt sie dann zusammen mit der Gastmutter und einer anderen Deutschen, die sie bereits kennt. Das Zusammenleben erweist sich als unkompliziert, nur der

Umzug der Gastmutter auf das Sofa im Wohnzimmer, aufgrund der Aufnahme zweier Gäste, stört Damaris hin und wieder.

Kontrollierte Sorglosigkeit

> Es sind halt so diese ganzen Kleinigkeiten, dies so gibt, dass aber jetz nich so dass, also - Mensch, dass man nun mal sagt: Oh Gott, das is jetz so n Kulturkreis, damit komm ich gar nich klar, das is komplett anders. (Damaris I 624:626)

Ihre eigentlichen Vorstellungen eines Auslandsaufenthaltes entsprechen nicht ihren letztendlichen Planungen. Zusätzlich kommen nach Ankunft in China auf Damaris sehr schnell sehr tiefgreifende, ganzheitliche Veränderungen in Bezug auf Arbeit und Gastfamilie zu. Diese nimmt sie jedoch sehr locker und stellt sich rasch auf die neuen Situationen ein.

Nach einem weitgehenden Wegfallen von Verpflichtungen genießt sie die Zeit in Qingdao, mit Freunden und mit der Vorfreude auf die Reisezeit.

> Ja, aber das is halt ganz witzig, wie sich so die Fäden dann doch ändern. Erst hab ich ja gedacht, ich möcht ins Ausland, um noch mein Englisch zu festigen. (I: Ja) Jetz bin ich hier und lern erstmal ordentlich Chinesisch. [...] Man muss halt gucken, was einem Spaß macht, dann wenn man vor Ort ist. (.) °Das war ganz witzig so.° Sehr flexibel, im Endeffekt hier alles. (Damaris I 103:110)

> Äh - ja genau, das [Praktikum] hab ich aber auf jeden Fall dann abgebrochen, Ende Mai. Also nich, weil ich nichts zu tun hab, sondern weil mirs auch irgendwie zu blöd war, ich mein ich sitz da nich den ganzen Nachmittag rum (I: Ja) und mach nichts, da kann ich lieber irgendwie in Qingdao was machen, n bisschen einkaufen, Reiseplanung, (I: Hm-mh) Chinesisch lernen, all so was. (I: Ja) Und jetz sieht es eigentlich so aus, dass ich mich mit wem zusammengetan habe zum Chinesisch lernen. (.) (I: Das is schön, ja) Machen wir jetz, na jeden - viermal die Woche. Jeden Tag abends, ja. (Damaris II 85:90)

Auch befremdlichen Situationen begegnet sie oft sehr locker und sieht sie als amüsante Anekdoten an. In ihren Gastfamilien findet sie beispielsweise „witzig", dass ihrer erste Gastmutter Unterwäsche und restliche Sachen getrennt gewaschen haben möchte; oder dass ihre zweite Gastmutter der Meinung ist, dass man Meeresfrüchte mögen muss, wenn man in Meeresnähe wohnt.

> Oder was auch sehr witzig war, dass die Frauen also die Unterwäsche nich zusammen in der Maschine mit den Männern waschen dürfen. (I: Hm-mh) Was, das hab

> ich auch am zweiten Tag erfahrn, weil ich meine Wäsche waschen musste von Schanghai. (Lacht kurz) (Damaris I 229:231)

> Hätt ich gar keine Ausrede, dass ich keinen Fisch esse. (Lachen beide) Ich mein, Qingdao liegt am Meer, die Leute essen hier Fisch. (I: Ja) Frankfurt liegt nicht am Meer, also ess ich keinen Fisch. Also chinesische Kausalität. (Lacht) Ich war sehr überrascht über die Frage, da hab ich gesagt so: Nein, Frankfurt liegt nicht am Meer. (Lacht) Na ja, das war irgendwie sehr witzig. (Damaris II 255:259)

Was ihr anders erscheint, sind anfangs nur komische Kleinigkeiten. Da es keine größeren Konflikte gibt und sie auch darauf baut, dass Ausländern in China viel nachgesehen wird, macht sie sich um mögliche Konsequenzen ihres Handelns nicht allzu viele Gedanken.

> Und ich weiß nicht - kann sein, dass sie da n bisschen beleidigt waren, ham se zumindest nich gezeigt. (I: Hm) Also ich denke, ich hoffe ich konnte erklärn, dass sie (I: Hm) es is halt ähm, dass ich das durchaus selber machen kann. (.) Hab ich ja auch nachher gedacht, ich hoffe ich hab die irgendwie nich beleidigt. Aber sie sind, warn immer noch gastfreundlich. Wahrscheinlich dann nich, weil sie hams nich gezeigt. (I: Ja) Oder dachten sich: Ach die kommt aus ner anderen Kultur. (Damaris I 199:204)

Trotz oder gerade wegen dieser Unbekümmertheit ist ihr aber auch eine grundlegende Sicherheit wichtig: So lernt sie auch nach Beenden der Sprachschule regelmäßig und nach Lehrbuch Chinesisch, am Wochenende ist die Zeit für Ausflüge mit Freunden reserviert. Sie möchte außerdem in Interaktionen mit Chinesen und ihren Gasteltern überlegt handeln und will sicher gehen, dass man sich in ihrer Gegenwart wohl fühlt.

> Und das heißt, sie können mir kein Frühstück machen, außer sie, die Mutter steht mindestens ne halbe Stunde früher auf. Weil ich zwanzig vor sieben oder halb sieben halt frühstücke. (I: Ja) Hab ich aber gesagt, dass ich das nich möchte, weil mir das, das is mir voll peinlich eigentlich. (Damaris I 188:191)

> Weil ich möcht ja auch gern mit ihr zusammenleben und gut mit ihr klarkommen und so. (I: Ja klar) Und ich möcht ja auch nich, dass sie (.) also ich möchte auch nich, dass sie enttäuscht is irgendwie jetz von ihren Gastkindern, weil wir auch so oft nicht da sind und so. (Damaris II 537:540)

Zwar findet Damaris auch zum Ende ihres Aufenthaltes noch, dass in China vieles gar nicht so anders ist, trotzdem steigt mit zunehmender Dauer und zunehmendem Austausch mit anderen Gastkindern die Anzahl der für sie kulturell fremden Aspekte.

In ihrer zweiten Gastfamilie findet sie das Essen fremder. Sowohl im Alltag als auch in der zweiten Familie fällt ihr eine fremde Denkweise immer stärker auf: Sie ist der Meinung, dass in China kaum kritisch hinterfragt und nicht über Konsequenzen des Verhaltens nachgedacht wird.

> Hm, (.) also ich glaube mittlerweile, dass chinesische Kultur schon anders is natürlich als die westliche [...] (Damaris II 888:889)

Dies führt auch zu gesteigerter Wachsamkeit, unter anderem in Bezug auf einen bedachtsamen Umgang mit Chinesen. Zwar genießt Damaris nach wie vor ihren recht unbeschwerten Aufenthalt in China, ihre anfängliche Unbekümmertheit nimmt jedoch etwas ab. (Die Überlegung zu Beginn, man sähe Ausländern viel nach, greift sie später beispielsweise nicht mehr direkt auf.)

Der Gastfamilienaufenthalt

> Von daher hab ich natürlich sehr viel auch an Erfahrungen gewonnen, natürlich anderer Leute Erfahrung. (Damaris II 1078:1079)

Damaris kann auf Erfahrungen aus zwei Gastfamilienaufenthalten zurückgreifen. Wie im Austausch mit Freunden, der für sie sehr wichtig ist, nutzt sie dies auch zum Vergleich und zur Klärung von Unverständlichem. Da sie zwischen beiden Gastfamilien viele Unterschiede feststellen kann, schlussfolgert sie, dass sich einige Verhaltensweisen auf individuelle anstatt auf kulturelle Gründe zurückführen lassen.

Das Leben in China entspricht also für sie nicht unbedingt dem Leben in einer chinesischen Gastfamilie.

> Das kriegt man in der Familie selber nich so mit, aber wenn man halt länger hier lebt, dann im ähm, (I: Ringsrum irgendwie) im normalen - ja, im normalen Leben halt, (.) denk ich, dass is schon, schon sehr anders. (Damaris II 1008:1011)

Damaris entdeckt während ihrer Gastfamilienaufenthalte viele individuell geprägte Verhaltensweisen: Sie hat das Gefühl, dass die Gasteltern sehr direkt mit ihr umgehen, obwohl sie indirekte Kommunikation als chinesischer ansieht. Andererseits fällt ihr die Bedeutung von Familie bei ihrem ersten Aufenthalt als typisch auf, diesen Eindruck relativiert sie aber in ihrer zweiten Familie.

> Also is hier äh, bei unserer Gastmutter jetz isses nich so, da hängen zum Beispiel schon mal keine Bilder. (I: Ja) Und ja, sie is halt auch von ihrem Mann getrennt, ich

> glaube dass sie da n bisschen auch andere Ansichten hat. (I: Ja) Also sie lässt sich irgendwie, (.) also Julia, zu Julia hat se da mal was gesagt, weil sie Julia jetzt ja auch besser kennt, weil die schon n halbes Jahr da is. Mit mir hat sie darüber jetz nich direkt gesprochen, weil ich erst so kurz da bin bisher. (I: Ja) Aber sie sieht das glaub ich nich mehr so krass. (I: Hm) Dass man unbedingt jetzt Vater, Mutter, Kind sein muss. (I: Ja) Weil sie halt auch getrennt sind, sie lässt sich zwar nicht scheiden, vielleicht hat sie ja auch n bisschen Angst, dadurch dann ne Art Status zu verliern, weil Scheidung is ja auch nich so hoch angesehen hier. (I: Hm) Aber da is jetz eigentlich nich mehr so streng. Das war bei meiner alten Gastfamilie glaub ich schon extrem. (Damaris II 697:706)

Zudem findet Damaris ihre zweite Gastfamilie chinesischer. Dies kann einerseits damit zusammenhängen, dass sie im Laufe der Zeit fremdkulturelle Werte und Handlungen zunehmend identifizieren kann, andererseits kann es auch darauf zurückzuführen sein, dass Alltagsroutinen (Essen, Sauberkeit) offensichtlicher sind und gerade diese ihr in der zweiten Familie befremdlicher erscheinen:

> Hm, (.) also ich glaube mittlerweile, dass chinesische Kultur schon anders is natürlich als die Westliche, aber wenn man einfach so, (.) ich weiß nich - also es war halt da einmal, weil die auch so ähnlich gekocht haben zum Beispiel wie wir. Und ich hab immer gedacht, es wär so unterschiedlich. Wars ja aber nich. (I: Ja) Die kocht jetzt zum Beispiel schon anders, aber das is ja das Leben an sich. (Damaris II 888:892)

Insgesamt findet Damaris, dass sie es mit beiden Gastfamilien gut getroffen hat. Dies bezieht sich vor allem auf ihren Wunsch nach Freiraum, der ihr bei beiden gewährt wird. Intensives Ausgehen und Spaß mit Freunden sind für Damaris selbstverständlich und passen zur eigentlichen Leichtigkeit, mit der sie ihren Chinaaufenthalt angeht. In der zweiten Gastfamilie zeigt sich jedoch auch ihre Bedachtsamkeit: Da die Gastmutter immer sagt, dass nie etwas ein Problem darstellt und Damaris sich nicht sicher ist, ob das so stimmt, wälzt sie dieses Problem wieder und wieder, auch in Gesprächen mit ihrer Mitbewohnerin, da sie möchte, dass es ihrer Gastmutter im Zusammenleben mit ihr gut geht.

> Ich glaube, also sie macht zumindest den Eindruck, nich so kompliziert zu sein. (I: Hm) Ich drücks mal so aus. (I: Ja (lacht kurz)) Sie macht immer den Eindruck, sagt: Ja nee, is gar kein Problem, bla bla blub. Und so weißtes halt nich so genau. (Damaris II 779:781)

> Deswegen war mir halt auch nich klar, dass die sich halt gestern Abend da Sorgen gemacht hat, als ich da ne halbe Stunde später noch nich da war, (I: Ja) als ichs halt gesagt habe. (.) Muss man halt auch erstmal so hintersteigen, wann machen sie sich Sorgen und wann nich, oder zeigen sies überhaupt. (Damaris II 325:328)

Nachdem sich ihr Verdacht bestätigt hat, dass die Gastmutter nicht immer zeigt, wenn etwas nicht in Ordnung ist, versucht Damaris mögliche problematische Situationen im Voraus zu erkennen. Da ihr das jedoch schwer fällt, will sie – für sich – auf Nummer sicher gehen. Das bedeutet jedoch nicht, die vermuteten Problemsituationen zu vermeiden, indem sie zum Beispiel geringere oder kürzere Ausgehzeiten pflegt oder ‚komisches' Essen probiert, denn in ihrer Freiheit möchte sie sich nicht beschränken lassen und hofft stattdessen, dass sich ihre Gastmutter bereits an die Gewohnheiten der ausländischen Gäste gewöhnt hat. Jedoch beginnt sie, sich für etwaige Fehler oder Umstände zu entschuldigen, da sie ihre Gastmutter nicht verletzen möchte.

> Ähm die, ich glaube, das liegt auch hauptsächlich daran, dass ich halt schon die Fünfte bin, die jetzt da ist. (I: Ja) Also die hat von anderen ja schon einiges mitbekommen, wie das so läuft bei uns mit Ausgehen und länger Wegbleiben (I: Ja) und nich immer nach Hause kommen zum Essen und so. (Damaris II 112:115)
>
> Ich weiß halt nich, ich konnte mir halt vorstellen, dass sie enttäuscht war. (I: Ja) Natürlich zeigt sie das dann nich, aber deswegen dacht ich, ich entschuldige mich lieber nochmal extra bei ihr. (Damaris II 536:537)

Die Veränderungen von Verhalten und Verhaltenspotential

Damaris kommt mit wenig Vorwissen nach China und sagt auch selbst, dass ihr einiges vorher unbekannt oder nicht bewusst war: Von kulturellen Besonderheiten wie Gesicht und indirekte Kommunikation erfährt sie erst durch den Austausch mit anderen Gastkindern. Sie erkennt mehr und mehr Unterschiede zur chinesischen Denkweise, vieles ist ihr unverständlich. Besonders der Aspekt der Indirektheit macht ihr zu schaffen: Sie weiß häufig nicht, woran sie ist. Deswegen beginnt sie in Bezug darauf, einerseits ihre eigenen Handlungen und die ihres Gegenübers stärker zu reflektieren; andererseits wird ihr dadurch der Erfahrungsaustausch mit anderen noch wichtiger.

> Ich sag halt dann auch, dass ihr Essen gut is, wenns mir geschmeckt hat. (Lacht) Ich hoffe nich, dass sie das jedes Mal von mir erwartet, aber aber ich dachte halt auch:

> Ja danke fürs Essen und so, und war lecker und alles. Dann freut se sich und meint: Ja, ich freu mich auch, wenns dir geschmeckt hat. Aber sie fragt dann nich so oft nach: Ja, Mensch hier - ich hab gesehen, du hast den Knoblauch nich gegessen, magst du das nich? (I: Ja) Das fragt sie aber auch nicht. (I: Hm) Entweder sie zieht ihre Schlüsse daraus oder ich mein, Chinesen essen, geben ja sowieso mehr, dass man mehr Auswahl hat, ne. Wenn man was stehen lässt, isses ja eigentlich gut, weil dann wars genuch. (Damaris II 741:748)

> Also von der Kultur krieg ich eigentlich das meiste so von meinen Freunden mit oder halt auch von Chinesen, die wir kennen. (I: Ja) Dass wir halt die mal fragen. (I: Hm) Wie is das so in China, wie macht ihr das. (Damaris II 224:226)

Mit zunehmender Beschäftigung nimmt sie auch deutlicher Position zu bestimmten Themen ein. So wird sie immer mehr in ihrer Meinung bestärkt, dass in China häufig nicht hinterfragt wird.

> Da is irgendwie diese Simpsons Mentalität. (Lachen beide) Du musst mal drauf achten, achte wirklich mal drauf! (Lacht kurz) (.) Ah, auch so: Oder auch bei diesen Bussen mit Klimaanlage, ja? Die machen Busse mit Klimaanlage, wo du doppelten Preis zahlst und die lassen die Fenster auf. (.) Ich mein, oder es is kalt und du musst da den doppelten Preis zahlen fürn Bus mit Klimaanlage, auch wenn es kalt is. (I: Ja) Es is doch sinnfrei, aber ne - dann weißte, mit der Klimaanlage is gut. (I: Hm) Wir machen Klimaanlage, dann wir sind toll, wir ham Klimaanlage, aber keiner weiß damit umzugehen. (I: Ja) Also sie ham Zebrastreifen und wissen nich warum. (I: Hm) Das is auch so, ne - wenn ich, andere denken, kennen keine Zebrastreifen oder sie wissen halt, wozu es gut is. (Damaris II 1022:1030)

Bei Damaris zeigt sich konkreter Wissenserwerb und eine stärkere Sensibilisierung gegenüber Verhaltensweisen in China. Indem sie in ihr unverständlichen Punkten sehr häufig andere zu Rate zieht, zeigt sich ihre Lernmotivation und sie ist von Zeit zu Zeit auch bereit, ihre Meinung zu relativieren.

Andererseits ist ihr jedoch auch wichtig, Verständnis für ‚deutsche' Werte zu erreichen und von ihren eigenen Einstellungen zu überzeugen. Nach Erklärungsversuchen gegenüber ihren Gastfamilien gelangt sie oft zur Erkenntnis, dass Chinesen fremde Gewohnheiten einfach „nicht verstehen" können.

> Und ich hab auch mal gefragt: Ja wollt ihr denn überhaupt mehr Kinder haben als eins? Weil in Deutschland isses ja n ganz großes Problem, dass die Frauen eben, einfach zu wenig Kinder bekommen. (I: Ja) Und ja natürlich wollen wir mehr als ein Kind, wir wollen gar nich, dass unser Kind alleine aufwachsen muss. Da meint ich: Wieso, die können doch mit anderen Kindern spielen. So: Nee, nee nee - wir finden

> besser, wenn n Kind Geschwister hat. (I: Okay, hat deine alte Gastfamilie) Ja, genau - der Gastvater war das mal. Weil ich da halt meinte: Ja wollt ihr, wollt ihr das überhaupt? (I: Ja) Is ja auch gar nich selbstverständlich für unser Denken jetzt. Und die wollen halt und die können gar nicht verstehen, dass wir Europäer vielleicht Probleme damit haben. (Damaris II 679:686)

Damaris verlässt also ihre eigenkulturelle Perspektive nicht – während sie nicht ganz verständlich findet, dass chinesische Kinder soziale Kontakte zwingend mit Geschwistern verwirklichen sollen, hebt sie hervor, dass die chinesischen Gasteltern ihren Blickwinkel anscheinend nicht nachvollziehen können.

In Damaris' Fall ist der Stellenwert des Gastfamilienaufenthaltes im Rahmen der Veränderungen von Verhaltensdispositionen schwer fassbar: Einerseits befähigt sie der Vergleich zweier Familien dazu, Meinungen zu festigen oder zu relativieren. Dies gibt ihr somit eine höhere Anzahl an Attributionsmöglichkeiten und -schemata. Die Problematik der Indirektheit in ihrer zweiten Gastfamilie führt außerdem dazu, dass Damaris häufiger reflektiert. Erfahrungen in den Familien, wie zum Beispiel die Fürsorge der Eltern für ihre Kinder, sind für sie konkrete Situationen, die kulturelle Verhaltensweisen belegen.

Andererseits empfindet sie aber Erfahrungen anderer Gäste wichtiger als ihre eigenen. Zudem hält sie viele ihrer Erfahrungen in den Gastfamilien für individuell bedingt und findet das Leben in Gastfamilien anders als das eigentliche Leben in China. Demnach decken sich Veränderungen während des gesamten Chinaaufenthaltes nicht zwingend mit denen des Gastfamilienaufenthaltes. Auftreten können somit auch Attributionsfehler, wenn Damaris das Leben in einer chinesischen Familie nicht als kulturell anders oder typisch chinesisch empfindet, sondern Verhaltensweisen möglicherweise häufig persönlichen Ursachen zuschreibt.

4.2.3 Frank

Portrait

Frank unternimmt 2006 zum ersten Mal eine längere Reise mit seiner Freundin nach China, um seinen Vater zu besuchen, der dort seit einigen Jahren arbeitet, und um zu reisen. Der Aufenthalt ist für ihn abenteuerlich und einprägsam, da er ohne Sprachkenntnisse durch ein völlig fremdes Land reist, und zeichnet sich durch zeitweise Orientierungslosigkeit aus. Er beginnt sich danach mit Sprache und Kultur zu beschäftigen. Als sich kurz vor Abschluss des Studiums der Wunsch nach einem Auslandspraktikum einstellt, welches ihm bei der schlechten Arbeitslage Aufschub gewähren soll, wählt er China als Zielland. Neben den Vorerfahrungen mit Land und Sprache sind Abenteuerlust und der Exotenstatus Chinas im späteren Berufsleben weitere Gründe für seine Wahl.

Über die Praktikumsvermittlung bucht er ebenfalls einen Gastfamilienaufenthalt, da dieser für ihn einerseits eine preiswerte Alternative darstellt, er aber auch viel ‚mitkriegen' und herausfinden möchte, wie ihm die Herausforderung des Einfügens in eine fremde Familie gelingt. In China angekommen, will er anfangs alles richtig machen, ist jedoch schnell sowohl von der Arbeit als auch der Gastfamilie genervt. Sein Chinabild verschlechtert sich und er ärgert sich besonders im Praktikum über die Art und den Arbeitsstil der Kollegen. Auch in der Gastfamilie, in der er zusammen mit einem weiblichen Gast von der Elfenbeinküste wohnt, hat er das Gefühl, dass beide Seiten sich nicht füreinander interessieren. Seine Bemühungen nehmen ab und er konzentriert sich in seiner freien Zeit mehr und mehr darauf, Chinesisch zu lernen, was ihm sehr wichtig ist, und auf sportliche Aktivitäten, so dass der Kontakt zu den Gasteltern immer weniger wird. Gegen Ende seines Aufenthaltes hat er nach wie vor Interesse an China, ist jedoch auch froh über die nahende Abreise. Die Zusage über die Betreuung seiner Abschlussarbeit vom Praktikumsunternehmen besänftigt ihn und bestärkt ihm im Gefühl, die Zeit trotz allem erfolgreich gemeistert zu haben.

Frust und Machtlosigkeit

> [...] also je mehr ich versteh von der Kultur, desto (.) kleiner wird mein Respekt eigentlich. (Frank I 663)

Durch den Chinaaufenthalt 2006 gewinnt Frank erste Eindrücke und baut entsprechende Erwartungshaltungen auf: Da die erste Reise eine persönliche und sprachliche Herausforderung für ihn darstellte, fällt ihm die Entscheidung für einen erneuten Aufenthalt nicht leicht und er rechnet damit, dass auch diesmal nicht alles ‚einfach' sein wird.

> Und jetz denk ich mit China, weils halt der Total-Kontrast is, denk ich kann ich da eher noch was ausgleichen, (I: Hm) als wenn ich mir jetz irgendwie n einfacheres Land gesucht hätte. (Frank I 46:47)

Frank ist sich seiner eigenen kulturellen Werte schon nach dem ersten Aufenthalt stark bewusst, wie er selbst sagt. Da er diese gut und richtig findet, misst er seine Erfahrungen in China daran. Diese sind schon zu Beginn des zweiten Chinaaufenthaltes schlecht: im Alltag, in der Familie, besonders aber im Praktikum. Und bestätigen seine Vorahnungen, dass es während seines Chinaaufenthaltes nicht immer leicht werden wird. Es gibt nichts, was er wirklich „mag" (Frank I 81):

Im Alltag fällt ihm negativ auf, dass man in China scheinbar nur auf sich selbst bedacht ist: Man bringe Ausländern wie ihm nur oberflächliches, und kein tiefes Interesse entgegen; man setze sich in der Öffentlichkeit – in Verkehrsmitteln und auf der Straße – ohne Rücksicht auf Verluste durch; man behandle Tiere und Umwelt schlecht und vernachlässige sie.

In seiner Gastfamilie stört ihn unter anderem, dass die Gasteltern ihn nicht über Bevorstehendes informieren, wie über die Geschäftsreise des Gastvaters, und sich dieses für ihn inakzeptable Verhalten während der gesamten Zeit in der Familie nicht ändert. Außerdem denke die Gastmutter nur ungenügend über Konsequenzen ihrer Handlungen nach, indem sie Frank zum Beispiel eine kompliziert zusammengenähte Bettdecke gibt, die nach vergeblichem Warten auf Klärung des Problems endlich gewaschen werden muss. Das gravierendste Problem ist jedoch ein zeitweise nicht funktionierender Boiler, dessen Reparatur von der Familie über einen langen Zeitraum hinweg nicht in Angriff genommen wird, obwohl die Abwesenheit warmen Wassers das Problem für Frank dringlich macht.[12]

Im Praktikum vereinen für Frank seine Arbeitskollegen und sein Chef den oben beschriebenen Egoismus in China: Die Arbeitskollegen würden sich vor ihren Aufgaben drücken und sich keineswegs für ihn als ausländischen Praktikanten interessieren. Bei seinem Chef beobachtet Frank, dass dieser gegenüber ‚Untergebenen' Ignoranz zeige und seine Machtposition ausspiele.

Die Auseinandersetzung mit schlechten Erfahrungen macht Frank unzufrieden, weil er kaum Sinnhaftigkeit in den für ihn befremdlichen Handlungen finden kann. Er entdeckt eine Vielzahl an Verhaltensweisen im Alltag in China, die ihm nicht nur unverständlich erscheinen, sondern oft sogar absurd. So kann er das häufig erlebte Verhal-

[12] Die Erfahrungen im Gastfamilienaufenthalt und ihre Auswirkungen werden ausführlicher in einem nachfolgenden Abschnitt dargestellt, um den Familienaufenthalt einerseits losgelöst vom Chinaaufenthalt zu betrachten und andererseits seinen Bezug zum kompletten Kernthema deutlich werden zu lassen.

ten, Gesicht wahren zu müssen, nicht nachvollziehen, weil dies die Lösung von Problemen behindere.

> [..] und dann halt dieses Gesicht wahrn, aber halt in ner Art und Weise, wie wirs praktisch nich verstehn. Weil wenn du, oder wie wirs als als Westler nich verstehn können. Dass du (.) das Problem nich beseitigst und eigentlich überhaupt nichts machst, um das Problem zu beseitigen, aber dich dann trotzdem dafür schämst, dass das Problem existiert und dich versteckst. Das is ja aus unsrer Perspektive absolut absurd irgendwie. (Frank II 241:245)

Da Absurdität oder Sinnlosigkeit für ihn häufig Eigenschaften des Verhaltens selbst sind, erscheint es ihm oft nicht weiter notwendig, Hintergründe (zum Beispiel in Bezug auf die wichtige Bedeutung von ‚Gesicht' in China) tiefgehend zu erforschen bzw. zu versuchen, zu einem Verständnis zu gelangen. Dies berechtigt ihn aus seiner Sicht, eine ablehnende Haltung einzunehmen.

> Aber irgendwie, na ja wie gesagt also, vom Allgemeinen, also je mehr ich versteh von der Kultur, desto (.) kleiner wird mein Respekt eigentlich. (Frank I 662:663)

Eine Auseinandersetzung mit unliebsamen Erfahrungen steigert auch insofern seine Unzufriedenheit, als dass seine anfänglichen Anstrengungen, auf Situationen angemessen zu reagieren und alles richtig zu machen, seiner Meinung nach keine Früchte tragen und nicht honoriert werden. (Mit den Gasteltern bemüht er sich beispielsweise anfangs um Austausch, sie selbst tauschen mit ihm aber scheinbar kaum Informationen aus.) Der Eindruck ist noch einprägsamer und verstärkt somit eine ablehnende Haltung, da adäquates Reagieren aufgrund seiner schlechten Erfahrungen mit vielen Verhaltensweisen in China eine Überwindung für ihn darstellt.

> [...] denkste halt schon irgendwie - gibst dir voll die Mühe (I: Hm) und dann kommt irgendwie nich so viel zurück. (Frank I 255:256)

> Ähm, (.) ja aber wenn du halt grade ankommst, dann probierst du dich halt eher noch so (.) auch den absurdesten äh (.) Gegebenheiten (I: Hm) unterzuordnen und probiern dich anzupassen und das zu verstehn, und alles. (Frank II 256:258)

Will er andererseits vor einer Auseinandersetzung mit schlechten Erfahrungen oder den Erfahrungen selbst flüchten, so kann er sich ihnen anscheinend auch nicht entziehen. Frank beginnt nach einiger Zeit mit dem intensiven Besuch eines Fitnessstudios, das eine Art Rückzugsraum für ihn darstellt und seine Zeit mit der Gastfamilie und außerhalb beschränkt. Aber auch dort begegnet er Verhaltensweisen, die er nicht tolerieren kann:

> Also ich mein, was so - sie gehn ins Fitnessstudio, weils halt super is und n hohen Status, viel Prestige verspricht. Aber drin hocken se dran und spieln mit ihrem Handy-Computer irgendwie. (I: Hm) Und, und rufen halt immer noch an so: Ja, ich bin im Fitnessstudio, bla bla bla. (I:(Lacht kurz)) Also so, macht überhaupt keinen Sinn. Und so isses eigentlich mit ganz ganz vielen Sachen. (Frank II 532:536)

Das Gefühl, überall mit den gleichen dissonanten Erfahrungen und zudem mit neuen schlechten konfrontiert zu werden, führen zu Frustration und einem beständig schlechter werdenden Chinabild.

> Und dann, (.) ich mein sie machen alles kaputt so im Alltag. Sie scheißen auf alles. (I: Hm) Sie machen alles dreckig. (Frank I 81:82)

Frank ist sich seiner ablehnenden Haltung durchaus bewusst und verbirgt sie nicht. Er führt wiederholt verschiedene negative Aspekte der Kultur an, die ihn darin bestärken, seine Meinung nicht zu ändern. Daraus folgt, dass er keinen Anreiz sieht, Befremdliches zu akzeptieren oder gut zu finden. Anstatt zu resignieren, würde er das für ihn Inakzeptable gern ändern und anhand seines eigenkulturellen Wertesystems ein ‚Exempel statuieren'.

> Aber wenn ich mir das hier anguck, (.) dann bin ich Kind meiner - was weiß ich, meiner Kultur und will die Ordnung auch haben. Und denk auch, das das geht nich hier so und da müsste man mal ein Exempel statuiern so. (..) Aber (.) (Frank II 503:505)

Das Wissen darum, dass eine Zurechtweisung, eine Konfrontation, in China jedoch fatal wäre, hält ihn meist davon ab. Als seine Arbeitskollegen sich in seiner Gegenwart nur auf Chinesisch unterhalten und anscheinend auch über ihn reden, meidet er das gemeinsame Mittagessen, damit sich sein Frust nicht so weit aufstaut, dass er sich genötigt fühlt, ihnen direkt seine Meinung zu sagen. Auch hier handelt es sich demnach um eine Situation, in der er versucht angemessen zu reagieren, obwohl ihm das nicht zusagt.

> Dass du praktisch auch (.) indirekt, oder ich mein, du kriegst das ja mit, wenn jemand über dich redet (I: Ja) und das is ja für die auch kein Problem oder äh, (.) das war dann so hart, dass ich einfach nich mehr mitgegangen bin. Weil ich gewusst

> hab, beim nächsten Mal, irgendwie schlag ich was zurück. Und wenn, das is ja dann so hart für die, dass das alles vorbei is. Wenn de dann sagst: Hey, das is absolut unhöflich, was ihr macht, ihr habt absolut keine Benehmen. Ich mein, das mag in China ja so sein. Aber sobald ihr mal irgendwie auch (.) außerhalb dieser, der Sphäre bewegen würdet, würdet ihr merken, es is absolut unerträglich. (Frank I 376:382)

Da sich für ihn Negatives von selbst nicht ändert, er es durch eigenes Zutun nicht ändern oder abschwächen kann oder ihm die Hände gebunden sind, entwickelt sich ein Gefühl der Machtlosigkeit. Dieses steigert Franks Frustempfinden und er reagiert sich dann in weniger verheerenden Situationen, wie im Straßenverkehr, ab.

> Also, sonst hab ich immer auf die Scheibe gehämmert irgendwie. Und dann sin se ausgestiegen und ham geguckt, ob ich irgend ne Delle rein geschlagen hab und so. (I: (Lacht kurz)) Und n paar Mal wollt ich halt mir dann wirklich einen schnappen und (.) (Frank II 167:170)

Erst gegen Ende des Aufenthaltes stellt sich so etwas wie Resignation ein: Die nahende Abreise, die Versöhnung durch die ergatterte Abschlussarbeit und die Erkenntnis, dass sich nichts geändert hat und sich nichts ändern wird, führen zu einer gewissen Gleichgültigkeit. Außerdem ist er froh, das Abenteuer China hinter sich gebracht, sogar „erfolgreich hingekriegt" zu haben (Frank I 806).

Der Gastfamilienaufenthalt

> Nich mehr bereit [...] der Kultur entsprechend zu verhalten. (Frank I 320:321)

Frank ist der Familienaufenthalt im Rahmen seiner Zeit in China nicht so wichtig. Die größte Bedeutung haben für ihn die beruflichen Vorteile, was sich auch darin zeigt, dass die Abschlussarbeit ihn mit dem gesamten Aufenthalt, auch der Zeit in der Familie, versöhnt. Der Gastfamilienaufenthalt stellt aber für Frank ebenso eine Herausforderung dar, wie sich an seiner Wortwahl erkennen lässt:

> [...] wenn ich nochmal irgendwie nach China komm, (.) dann werd ich mich mit Sicherheit nicht in ne Gastfamilie reinsetzen. (Frank I 11:12)

> Am Anfang is das natürlich krass, du hockst in der Familie drin und kannst dich eigentlich nur (.) so gut wie gar nich verständigen irgendwie. (Frank I 653:654)

Frank meidet den Kontakt zu seiner Gastfamilie: Er hat ‚keine Lust' auf sie, seiner Mitbewohnerin gehe es ebenso und die Gasteltern selbst geben ihm das Gefühl, als würden sie sich nicht für ihre Gäste interessieren. Er erlebt dort viele negative, lang andauernde oder sich wiederholende Situationen, die nicht zu seiner Zufriedenheit ablaufen oder nicht gelöst werden und die Distanz zu den Gasteltern damit weiter vergrößern. Vor allem die Erfahrung mit dem kaputten Boiler ist prägend für seinen Aufenthalt dort:

> Und, (.) wenn wir dann praktisch so halbnackt in der Küche standen und dann halt so: Ey, was machen wir mit dem Boiler so? Ja, kam halt die Antwort dann halt immer: Ja, heute is großes Pech - oder so, so n Bullshit. Und ich mein, das is ja okay, ich mein wenn se sich, ich mein klar, ich mein sie schämen sich dann auch dafür. (I: Hm) Die Gastfamilie. Aber, das is ja auch okay, ich mein (..) aber es gab halt auch keinerlei Anstalten irgendwas dagegen zu tun. (I: Ja) Also ich mein, ich hör mir gern an: großes Pech und so weiter. Aber ich mein, irgendwann (.) (I: Willste auch mal) muss das Problem halt aus dem Weg geräumt werden. (Frank I 270:277)

Frank entschließt sich trotz des hohen Frustlevels dazu, die Familie nicht direkt mit dem Problem zu konfrontieren, sondern die Gasteltern durch eine Mitteilung über die Vermittlungsorganisation dazu zu bewegen, das Problem in Angriff zu nehmen.

> Und dann haben wir dann halt hier über Stefans Agentur, halt nach dem Motto: Okay keine direkte Konfrontation, sondern praktisch über die (..) äh über die, die - wie heißt se? (I: Wang Qian) Ja, genau. (Frank I 285:287)

Franks Bemühungen um Konfrontations- und Konfliktvermeidung, und damit um eine gemäßigte und angemessene Reaktion auf das Problem, scheinen zunächst Erfolg zu haben und der Boiler ist nach einer für Frank langen und zermürbenden Zeit wieder repariert. Nach einiger Zeit beginnt das Problem mit dem kaputten Boiler jedoch von vorn. Frank fällt auf, dass die Gastfamilie auch diesmal keine Lösung direkt in Angriff nimmt, sondern sich statt dessen jedes Mal zurückzieht, wenn der Boiler nicht funktioniert.

> Also war ne Weile ganz okay und jetz fängts wieder an und dann sind se natürlich schon immer so, dass se (.) anstatt dass se halt einmal den Klempner holn oder den Kundendienst oder was auch immer, verstecken se sich lieber jeden Morgen im Treppenhaus, damit praktisch sie ihr Gesicht im Treppenhaus wahren können. (Frank II 176:178)

> Das is mir einfach zu dumm. (..) Weil ich mein, sie wissen ja dass, das Problem wurde ja schon mal indirekt kommuniziert, über Stefans Büro. Also (I: Und dann wurdes ja auch in Angriff genommen) ja, und (.) vor allen Dingen - ja, wenn das jetz schon wieder losgeht, ich mein - warum, warum muss man dann nochmal jemand

> anrufen lassen, dass se sich dann aufm Weg zum Klempner machen. Also wenn sies jetz freiwillig machen würden, könnten sie ihr Gesicht doch viel besser wahrn. Das is halt so ne Sache, die ich überhaupt nich versteh. (Frank II 192:198)

Franks Anstrengungen, sich auf die Familie einzustellen, führen letztendlich nicht zum gewünschten Ziel und es frustriert ihn besonders, weil er unverständlich und absurd findet, dass sich eine bereits stattgefundene Problemlösung nicht nochmal wiederholen lässt. Hierbei zeigt sich auch, dass Frank dieses Problem aus seiner eigenkulturellen Sicht bewertet, die sich auf eine angemessene *direkte* Problemlösung bezieht. Außerdem wird deutlich, dass er sich nicht um ein Hintergrundverständnis bemüht, da er nicht nachvollziehen kann, weshalb die gleiche Verhaltensweise in einer ähnlichen Situation nochmals auftritt.

Die ‚Boilergeschichte' zeigt ihm einerseits seine Machtlosigkeit und andererseits, dass es für ihn unmöglich ist, mit den chinesischen Verhaltensweisen zurechtzukommen und führt dazu, dass er seine Bemühungen um adäquates Verhalten einschränkt. Außerdem tragen die Möglichkeit des Austausches mit einer Mitbewohnerin, die gleichermaßen viel Negatives über die Familie zu berichten hat, und der Umstand, dass sich die Gastfamilie selbst im Umgang mit ihren Gästen anscheinend nicht bemüht, dazu bei, dass Frank immer weniger bereit ist, sich im Umgang mit der Familie angemessen zu verhalten:

> Mittlerweile würd ich dann auch einfach sagen: Hey, guck mal hier - Boiler kaputt. (I: Hm) Wir rufen jetz die Nummer an, das is der Kundenservice und dann kommt jemand vorbei und macht das. Und ob se dann vor Scham in Ohnmacht falln oder, (.) oder auch nicht, das wär mir mittlerweile glaub ich scheiß egal irgendwie. (Frank II 250:254)

Insgesamt findet Frank in seiner Familie viele Aspekte wieder, die auch sein negatives Chinabild geprägt haben: Mangelhaftes Informieren, nicht hinterfragen und Gesicht wahren sind für ihn Erfahrungen, die er auch außerhalb der Familie macht.

Nicht alle Erfahrungen ordnet er jedoch typisch chinesischen Verhaltensweisen zu: So erwägt er die Möglichkeit, dass sprachliche Defizite die Kommunikation und sein Verständnis für das Zusammenleben erschweren und schreibt auch vieles der Ursache zu, dass die Mutter einfach ein „Hausdrache" sei.

> Das is generell, sagen mer mal so, die Familie wird halt sehr dadurch, sehr stark dadurch geprägt, dass der Mann eher so (.) sehr umgänglich is, aber die Frau halt eher so n Hausdrachen. (Frank I 420:422)

Insgesamt ist erkennbar, dass sich Franks Gastfamilienaufenthalt in seinen gesamten Chinaaufenthalt einfügt: Die Art der Erfahrungen, ihre Auswirkungen und seine Befindlichkeit inner- und außerhalb der Gastfamilie ähneln einander sehr stark.

Die Veränderungen von Verhalten und Verhaltenspotential

Frank betont selbst wiederholt, dass sich sein Interesse für China trotz negativer Erfahrungen nicht geschmälert hat.

> Aber es is einfach, ja weils mich schon auch interessiert, also ja wie gesagt, nich nich verliebt, aber es interessiert mich irgendwie, halt. Irgendwie, das das auch mehr zu (.) ja, oder ich wollte das auch mehr, mehr verstehn irgendwie. (Frank I 171:174)

Wie das Leitzitat seines Portraits zeigt, ist er auch der Meinung, durch den Aufenthalt in China und der Gastfamilie nun mehr zu „verstehen“. In vielen Situationen sind ihm zwar sowohl kulturelle Werte als auch die kulturadäquaten Reaktionen darauf durchaus bewusst: Dass beispielsweise in China oftmals indirekt kommuniziert wird und eine direkte Konfrontation zu Gesichtsverlust führen kann. Er besitzt demnach kulturspezifisches Wissen und betrachtet diese Erkenntnisse auch kritisch, indem er vor allem ‚Gesicht‘ und ‚indirekte Kommunikation‘ als hinderlich im Alltag bewertet. Häufig bringt er auch verschiedene Erfahrungen miteinander in Verbindung und führt sie auf dieselbe Verhaltensweise zurück: wie im folgenden Fall, in dem er vergleicht, dass er sowohl in der Familie als auch außerhalb nicht ausreichend über Vorgänge informiert wird.

> Aber nö, das is (.) das - ich mein, das is aber auch nich so in meiner Gastfamilie so, das hör ich auch von andern ähnlich, das is bei meinen Kollegen ja auch so, also (.) das Nötigste wird halt gesagt irgendwie (.) ja. (Frank II 272:274)

Seine allgemein ablehnende und auch abwertende Haltung ist für ein Verständnis jedoch wenig förderlich. So bezieht sich sein zunehmendes ‚Verstehen‘ von Kultur darauf, mehr und mehr kulturelle Differenzen zu kennen, nicht jedoch auf ein Verständnis im Sinne von Nachvollziehbarkeit.

> Aber wenn ich (.) mal jetz nich über Gründe oder so nachdenk, muss ich schon sagen, also (.) je mehr ich verstehe irgendwie, desto weniger nehm ichs ernst hier. (Frank II 526:527)

Denn Frank vergleicht bewusst auf Basis seiner eigenen Werte und Einstellungen, da er „die Ordnung auch haben" will. Eine Relativierung seiner Meinung, respektive ein Verständnis der fremdkulturellen Zusammenhänge, findet auch deswegen nicht statt, da er sein eigenes Referenzsystem unumstößlich findet, wie hier ein Zitat zeigt, in dem er einen chinesischen Arbeitskollegen beschreibt.

> Aber der eine war in Deutschland, und (.) hat halt irgendwie wahrscheinlich nur Computer gespielt oder (I: Hm) (.) was weiß ich. (.) Aber, ja. (4s) (I: Ja) (.) Das, da is einfach null Bereitschaft irgendwie, da irgendwie für sich selber was zu lernen. Natürlich sich auf andere (.) wie jetz, wie Praktikanten oder so weiter umzustellen, das können die so mal gar nich irgendwie. (Frank II 289:293)

Es wird deutlich, dass bei Frank kein Perspektivwechsel geschieht: In diesem Fall ist er in China, also im fremdkulturellen Umfeld, der Meinung, dass sein eigenkulturelles Orientierungssystem Verhaltensgrundlage sein und sich sein chinesischer Arbeitskollege auf ihn einstellen sollte. (Diese Überzeugung entwickelt sich möglicherweise daraus, dass er oft versucht Konfrontationen zu vermeiden und sich um Harmonie bemüht. Daher findet er, dass auch auf ihn Rücksicht genommen werden sollte.)

Mit zunehmendem Frust über die Ignoranz anderer sinkt auch seine Bereitschaft, sich „der Kultur entsprechend zu verhalten". Dies reicht bis zum bewussten Inkaufnehmen, andere mit unangemessenem Verhalten zu verletzen: Als er in der Gastfamilie zum Beispiel seinen Bettbezug waschen will, sieht er sich genötigt, diesen auseinanderzuschneiden, anstatt nach einer besseren Lösung zu suchen.

> Hab dann einfach morgens, bin aus dem Bad gekommen - und sie natürlich dann wieder vorne rumgeschlichen - wegen dem, wegen dem langen warmen Wasser. Ich bin einfach rausgekommen und sie hat gesehn, dass ich praktisch ihr Dings, ihr Näh-, hauswirtschaftliches Glanzstück äh vernichtet hab und auseinander geschnitten hab (I: Hm) und gewaschen. Und dann isse halt auch (.) also ich glaub, da war se richtig fertig mit dem Nerven irgendwie. (Frank I 612:617)

> Sie war sehr unruhig, weil sie halt wieder den ganzen Abend beim Nähen verbringen kann. (.) Ähm, ja und das alles hätte nich, nich sein müssen, wenn se halt einfach so,

> also einfach: Hey, könnt ihr waschen irgendwie. Ähm, ja wir ham jetz halt nur des, das is n bisschen schwieriger irgendwie. (Frank I 631:633)

Insgesamt kann geschlussfolgert werden, dass sich Frank seines eigenkulturellen Orientierungssystems mehr und mehr bewusst wird. Er beschäftigt sich auch mit fremdkulturellem Verhalten, vor allem indem er nach Sinnhaftigkeit sucht, und hat sich kulturspezifisches Wissen angeeignet. Zwar ist es möglich, dass dieses bereits vor dem Chinaaufenthalt vorhanden war – zumindest erfolgte jedoch eine Bekräftigung oder Erweiterung seiner Wissensbestände. Die hohe Anzahl konkreter Erfahrungssituationen, die er nennt, macht es ihm außerdem möglich, Attributionsmöglichkeiten miteinander zu vergleichen. Teilweise gelingt es ihm außerdem augenscheinlich, isomorph zu attribuieren, indem er Verhaltensweisen auf indirekte Kommunikation oder Konfliktvermeidung zurückführt. (Dies ist jedoch nur zu vermuten, da nicht objektiv nachgewiesen werden kann, dass diese kulturellen Verhaltensweisen wirklich Grundlage der Erfahrung waren.) Seine Einschätzung persönlicher Veränderungen zeigt ein gestiegenes Selbstbewusstsein – das Meistern der Herausforderung China und der Herausforderung Gastfamilie haben Einfluss „aufs Ego" – und könnte Unsicherheit im zukünftigen Umgang mit Chinesen reduzieren (Frank I 809).

Im Großen und Ganzen lässt sich bei Frank jedoch nicht die im Allgemeinen erwünschte positive Ausprägung von Teilkompetenzen finden, sondern eher das Gegenteil: Franks häufige Zuschreibung von Handlungen zu indirekter Kommunikation und Konfliktvermeidung lässt vermuten, dass die Attributionsschemata, über die er verfügt, nicht so zahlreich sind. Außerdem tritt bei ihm kein tieferes Verständnis des fremdkulturellen Orientierungssystems ein, da er die Handlungszusammenhänge nur ungenügend reflektiert. Die Wertschätzung der Kultur nimmt mehr und mehr ab, die Bereitschaft zu einzelnen Perspektivwechseln ist gering und eine Relativierung seines Wertesystems findet deswegen nicht statt.

Aufgrund seines negativen Chinabildes ist hingegen eher eine Verstärkung von Stereotypen und Vorurteilen zu vermuten:

> Wenn de dann sagst: Hey, das is absolut unhöflich, was ihr macht, ihr habt absolut keine Benehmen. Ich mein, das mag in China ja so sein. (Frank I 380:381)

Welchen Anteil der Gastfamilienaufenthalt an den Dispositionsveränderungen hat, ist nicht eindeutig zu bestimmen, aber zu vermuten: Da Franks Erfahrungen in der Gastfamilie und die außerhalb einander ähneln, können die eben genannten Veränderungen auch dem Familienaufenthalt speziell zugeschrieben werden.

Im Einzelnen wirkt sich das Zusammenleben mit der Familie wie folgt aus: Frank nennt viele ‚kritische' Interaktionssituationen mit seinen Gasteltern. Da er den meisten ähnliche Erfahrungen außerhalb der Familie zuordnen kann, erhöht der Gastfamilienaufenthalt seine Kenntnisse über kulturelle Verhaltensweisen und festigt damit sein Chinabild. Auch eine Erweiterung findet in geringem Maße statt, da er, wie er selbst sagt, viel über den Alltag in China gelernt hat, was ohne Familienaufenthalt vielleicht nur bruchstückhaft möglich gewesen wäre.

Eine Modifikation seines Chinabildes geschieht durch den Aufenthalt in der Gastfamilie jedoch nicht. Lediglich seine Erkenntnis, dass manche Verhaltensweisen in der Familie individuell bedingt sind, könnte beeinflussen, dass er zwischen persönlichkeitsspezifisch und kulturspezifisch determinierten Merkmalen unterscheiden kann und nicht prinzipiell Verhaltensweisen einer kulturellen Grundlage zuschreibt. In Bezug auf eine Steigerung seines Selbstwertgefühls nimmt der Gastfamilienaufenthalt einen wichtigen Stellenwert ein, da besonders das Zusammenleben mit einer chinesischen Familie eine große Herausforderung für ihn darstellte.

4.2.4 Thomas

Portrait

Thomas entschließt sich für ein Praktikum nach China zu gehen, um mit Hilfe der Arbeitserfahrung im Ausland sowie einigen Sprachkenntnissen bessere Chancen im Berufsleben zu haben. Neben der Bedeutung Chinas für den Maschinenbau sind die Lebenshaltungskosten ein weiterer Grund für seine Wahl; eine chinesische Freundin hat ihm das Land außerdem schmackhaft gemacht. Nach einigen Reisevorbereitungen wie Visum, Impfungen und Klimacheck betritt Thomas Neuland: Bisher hat er noch keine Erfahrungen durch längere Auslandsaufenthalte oder Kenntnisse über China sammeln können.

Da die Praktikumsvermittlung gleichzeitig Gastfamilienaufenthalte anbietet, bucht er beides kurzerhand als Gesamtpaket. In den ersten vier Wochen vor Praktikumsbeginn nutzt Thomas außerdem das Angebot eines Sprachkurses, um erste Chinesischkenntnisse zu erlangen. Der Unterricht sagt ihm zu, er macht schnell Fortschritte und lernt andere Sprachstudenten kennen, mit denen er schon bald täglich nach dem Unterricht

Qingdao erkundet und dies sehr genießt. Mit Beginn seines Praktikums, welches ihm auch zusagt, hat er jedoch weniger Zeit dafür und verlegt das Ausgehen auf abends beziehungsweise auf das Wochenende. Stadt und Menschen gefallen ihm sehr gut und vermitteln ihm den Eindruck von Aktivsein und Unkompliziertheit.

Zu seiner Gastfamilie hat er ein gutes Verhältnis und verbringt vor allem die Mahlzeiten mit ihnen. Da der Gastvater und der fast gleichaltrige Gastbruder nur am Wochenende zu Hause sind, hat Thomas zur Gastmutter den meisten Kontakt. Diese war auch bei den vorherigen fünf Deutschen bereits Initiatorin für die Aufnahme von Gästen, sie spricht etwas Englisch und möchte gern Deutsch lernen.

Fremdheit als ‚Mysterium' im Hintergrund

> Ah, bis jetzt lieb ich Qingdao. (I: Ja?) China kann ich noch nich sagen, weil ich war bis jetz nur in Qingdao, (I: Ja) aber Qingdao is sehr schön. Die Menschen sind alle nett, und das Wetter gefällt mir bis jetzt, das Klima. (I: Hm) Ja. Und noch keine schlechten Erfahrungen gemacht. (Thomas I:1 53:55)

Während seiner Zeit in China gibt es eine Vielzahl von Situationen inner- und außerhalb der Gastfamilie, die für Thomas „komisch" oder „verrückt" sind: Dazu gehören Gewohnheiten rund um das Thema Essen, kein direktes Ansprechen vieler Belange oder der Umgang mit Ausländern.

Einerseits hat Thomas selbst keinerlei Vorerfahrungen und -kenntnisse in Bezug auf China, andererseits konzentriert er sich während seines Aufenthaltes vorwiegend auf sprachliche und berufliche Fortschritte sowie Freizeitaktivitäten. Diese drei Aspekte verlaufen alle zu seiner Zufriedenheit.

Somit fehlen ihm häufig sowohl das Hintergrundwissen als auch der Anreiz, um Erfahrungen hinreichend interpretieren und verstehen zu können. Diese werden zwar beschrieben, aber kaum hinterfragt, denn dies erscheint nicht notwendig. Analyseversuche entstehen daher in der Regel meist durch Initiativen meinerseits und bleiben entweder unbeantwortet oder beschränken sich auf die Schlussfolgerung, dass kulturelle Unterschiede für befremdliche Verhaltensweisen verantwortlich sind: dass es „wirklich ne echt andere Kultur hier" ist und ‚dass das in China nun mal so sei'.

> Puh, also ich kanns wirklich nich begreifen. Bis jetz noch nich. [...] Also in Deutschland, das is, wenn man da in ein Restaurant geht und es schmeckt nich oder so, dann wird das keinem einer Übel nehmen. (I: Hm) Und hier, da sind die dann

> wirklich richtig sauer. (I: Ja) Und wirklich ultra traurig. (I: Hm) Das is wirklich ne echt andere Kultur hier. (Thomas I:2 179:182)

Befremdliche Erfahrungen beeinträchtigen jedoch kaum die oben genannten für ihn wichtigen Aspekte seines Aufenthaltes. Bei denen, die es doch tun könnten, wie im Fall des problematischen abendlichen Ausgehens, setzt Thomas seine Gewohnheiten durch.

> Ah was dann, ah was dann auch war, (.) das Coolste war dann: Die hat halt gemerkt, die hat halt gemerkt, dass sies nich durch bekommt, dass ich halt früh, früher nach Hause komm. Ich hab halt gesagt: Aha, ich möcht meine Freunde noch sehen und das is doch egal, wenn ich um elf Uhr nach Hause komm, hab ich immer noch acht Stunden Schlaf. (Thomas II 43:46)

Da er sich insgesamt während seines Chinaaufenthaltes sehr wohl fühlt und eine gute Zeit hat, kann er also über Befremdliches getrost den Kopf schütteln und seinen Aufenthalt fortsetzen, ohne Unverständliches zu nahe an sich heranlassen zu müssen.

Anfangs schildert er viele Gewohnheiten, die ihm gefallen und nennt Situationen, die etwas merkwürdig sind: Später steigen jedoch sowohl Anzahl als auch Intensität „komischer“ Situationen:

> Und da hat, da hat er ja (.) also da sin sie dann glaub ich n bisschen komisch. (Thomas I:2 142)

> Und ich sag: Oh, ihr wisst das gar nich? (I: Ja) Ham die denn vorher nich mal für euch gekocht oder so? Nein. (.) N bisschen komisch. (Thomas I:2 301:302)

> Und die wollen irgendwas, dann - so stehen die einen Meter vor der Tür weg, machen den Arm ganz lang, klopfen dann so an die Tür an und so: Ah, (.) (I: Hm-mh) ja - hast du etwas Zeit oder ja. Voll, das kommt mir voll komisch vor. (Thomas II 112:115)

> Verrückt. Das is verrückt, das is halt (.) Chinesen würden nie zugeben, irgendwas da - keine Ahnung - irgendwas falsch gemacht zu haben. (Thomas II 134:135)

Denkbar wäre, dass es sich bei den Aspekten, die ihm gefallen, um alltäglich zu beobachtendes Verhalten handelt, welches im zweiten Interview nicht noch einmal angesprochen wird. Was ihm gefällt, entspricht seiner Einstellung zu einem Auslandsaufenthalt: Er möchte tun und lassen, was er will, ohne viel Verantwortung übernehmen zu müssen. So findet er es gut, dass man in China im Schlafanzug auf die Straße gehen oder sich mit Fremden im Park zusammensetzen und Karten spielen kann.

> Das is so, das bringen die halt einem bei, dass es halt einfach egal is: Mach das einfach, fühl dich dabei wohl und das is okay hier in China. (Thomas I:2 455:457)

Aspekte, die er ‚komischer' findet, sind bestimmte Rituale bei Geschäftsessen, die er im Rahmen seines Praktikums beobachten kann. Außerdem nimmt er wahr, dass Chinesen hartnäckig versuchen würden, sich von der „besten Seite" zu zeigen, indem zum Beispiel die Familie ihn bei Kaufberatungen nur mit den besten Produkten versorgen will, oder bei Einladungen durch chinesische Freunde das gemeinsame Essen keinerlei Makel aufweisen darf. Die seltsamsten Erfahrungen sind jedoch die im Zusammenhang mit dem abendlichen Ausgehen in der Gastfamilie, die nachfolgend genauer betrachtet werden. Insgesamt beziehen sich ‚komische' Erfahrungen auf spezifische Situationen, die ihm mit zunehmender Aufenthaltsdauer mehr und mehr auffallen und die möglicherweise durch mangelnde Auseinandersetzung unverständlicher werden. Befremdliches ist und bleibt für ihn mysteriös und latent bestehen.

Der Gastfamilienaufenthalt

> Das is halt hier so. (Thomas II 431)

Thomas' Erfahrungen in der Gastfamilie decken sich mit den eben genannten Aspekten, die sich auf den gesamten Auslandsaufenthalt beziehen. Sie sind auch ‚durchwachsen', trüben aber nicht das Gesamtbild. Vielfach lassen sich für ihn Situationen außerhalb der Gastfamilienerfahrungen finden, die er mit ihnen vergleichen kann.

> Ja und (.) ich weiß nich, der [Gastbruder] wollt halt einfach nur, dass ich ne gute Tasche bekomme. (I: Hm) Oh Gott, wir ham glaub ich drei Stunden ne Notebook-Tasche gekauft. Also ich hätt direkt die erste genommen, die war okay. Aber der: Hm-mh, Reißverschluss sieht nich so toll aus und guck das an und das. (I: Hm) Und da hat, da hat er ja (.) also da sin sie dann glaub ich n bisschen komisch. (I: Hm) (.) (I: Gibts da noch ähnliche Situationen? (B: Hm) °Dazu irgendwie?°) Na, die Chinesen, die sind dann grade bei, grade immer wenn man eingeladen wird oder sie einlädt, (I: Hm) dann (.) dann wolln sie sich immer von der besten Seite zeigen. (I: Ja) Und das wird, das wird ganz schlimm, wenn das nich gelingt. Dann, dann, dann werdn die richtig sauer und richtig traurig. (.) (I: Is das schon passiert?) Ja, is schon passiert, öfters schon. Und das, das is einem so richtig unangenehm is (I: Ja) das.

> Wir warn zum Beispiel ähm (.) wir warn mittags essen, ähm ich mit nem chinesischen Freund und er hat gesagt: Komm wir gehn in das Restaurant, das sieht gut aus. (I: Hm) Er hat, er hat halt gesagt, es sieht gut aus. (I: Hm) Und wenn er das sagt, dann muss er das auch einhalten. (I: Ja) Wir sind dann da rein, und ham Suppe bestellt, und dann hat er halt so ne Obstfliege in der Suppe gefunden. (I: Ja) Ja, und äh, da is er dann richtig sauer geworden. (Thomas I:2 138:159)

Er kommt häufig recht schnell zu dem Schluss, dass Befremdliches in der Gastfamilie typisch Chinesisch ist.

> Dann find ich, dass die Chinesen sehr ähm (.) sehr ruhig sind. (I: Hm) Ja, sehr einfach, sehr einfach mit denen umzugehen. Und die sin mir ganz wenig glücklich. (I: Ha) Ja. (.) (I: Kannste da n Beispiel oder ne Situation (B: Ja) dazu beschreiben?) Ja, ich hab denen natürlich auch n Gastgeschenk mitgebracht. (I: Hm) Und, hab gedacht: Oh mein Gott, hoffentlich reicht das und (.) (I: Wasn?) und ich hab denen Schokolade gekauft von unsrer Umgebung und Wein von unsrer Umgebung. Und, ich glaub die ham zwei Stunden lang die Schokolade angeguckt. Und ich hab gedacht, in Deutschland, da würde keiner ne Minute auf die Schokolade gucken und die freuen sich ja super über die Schokolade. (I: Ja) Ja, die sin wirklich mit voll wenig sind die super glücklich hier. (Thomas I:1 182:192)

> Ach ich weiß jetz, übernächste Woche oder so bekommen wir noch zwei, zwei neue Mitbewohner. (.) (I: Wie kommt das?) Das ham die mir, das würden die mir auch gar nich sagen, ge? Das is so ganz normal für Chinesen, dass man halt so Leute einlädt und die schlafen dann bei einem, ge? (Thomas II 155:158)

Mit zunehmender Aufenthaltsdauer in der Familie steigt das Wissen über alltägliche Routinen, auch die Verständigungsmöglichkeiten werden durch Thomas' Chinesischfortschritte besser. Dies kann ein Indiz für seine zunehmende Sensibilisierung gegenüber befremdlichen Situationen sein. Das Kernthema lässt sich gut an folgendem Beispiel beschreiben: Thomas sind seine Freiheiten sehr wichtig und er macht sich deshalb bereits zu Beginn des Aufenthaltes über das abendliche Ausgehen Gedanken, da er gehört hat, dass Gastfamilien damit oft nicht einverstanden sind. Da ihm seine Gastfamilie jedoch keine Steine in den Weg legt, sieht er das Thema als recht unproblematisch an.

> Hab mal gefragt, ich geh heut Abend weg, mal gucken was sie sagt. (I: Hm) Hat dann gefragt: Ja, wann kommst du denn wieder? Ich sag: Oh ich weiß noch nich. Weiß noch nich, vielleicht zwölf. Und (.) na das Gesicht hat glaub ich schon alles gesagt: Was? Zwölf Uhr, so spät? [...] Und (.) mh (.) aber, dann war das okay und äh, (.) ich bin deutlich später dann nach Hause gekommen als zwölf. (I: Ja) Aber sie

war zum Glück nich mehr wach, was mir andere schon prophezeit hatten. (I: Dass sie (.) wach bleibt) Ja, dass sie wach bleibt oder mich aufm Handy anruft. Aber sie war zum Glück nich mehr wach und am nächsten Morgen hat sie auch nichts gesagt. (I: Ja) (.) Hat gefragt: Wars schön und wann biste nach Hause gekommen? Ich sag: Weiß ich nich, (.) war aber schön. Also ja. (I: Ja) Einfach mal geguckt ob das geht mitm Weggehen. (Thomas I:2 32:43)

Nachdem er mit dem Praktikum begonnen hat und seine Zeit begrenzter ist, ist er noch weniger zu Hause und länger unterwegs. Nun ist auch für ihn nicht mehr zu ignorieren, dass die Gastmutter seine Ausgehzeiten einschränken möchte.

Oder wenn, (.) wenn du länger weg bist, du rufst daheim an: Hallo, ah - ich komm später nach Hause heute. Direkt die erste Frage: Wie viel Uhr? (I: Hm) Und dann sagst du so: Joah, so etwa halb zwölf so rum. Und dann sagen die: Oh, das is ziemlich spät! Und dann mit so ner ernsten Stimme direkt: Halb elf. Halb elf. (I: Sagt sie?) Halb elf. Ja. Halb elf, halb elf. Und ich sag so: Oh, ich bin kein Kind und oh, ich weiß schon - ich bin alt genug und dann so: Halb elf, halb elf. Und dann mh, dann n bisschen reden und sagt die, dann sagt die einfach nur: Hao le und legt dann auf. (.) (I: Aha) Hao le, legt auf und man meint direkt so - voll Stress oder so, aber (.) Chinesen lassen sich nichts anmerken, man kommt n nächsten Morgen so ganz normal: Zaoshang hao. (I: Hm) Guten Morgen. Aber dann halt nich so tolles Frühstück und manchmal gar kein Frühstück. (Thomas II 19:27)

Thomas ignoriert dies jedoch weitgehend, weil die Gastmutter ihn nicht direkt mit dem Problem konfrontiert, ihm die Beziehung sonst sehr harmonisch vorkommt und für ihn das Problem kein dringliches ist. Da er sich nicht weiter damit auseinandersetzt, erscheint ihm das Verhalten der Gastmutter immer merkwürdiger und er bringt dieses wieder und wieder zu Sprache, ohne dass es für ihn jedoch verständlicher wird.

[...] dann erfindet, das kommt mir so vor, als würd sie irgendwelche Sachen erfinden, damit ich halt früher nach Hause kommen soll. (I: Zum Beispiel?) Zum Beispiel sagt sie, dass es ähm, (.) ja: Wenn, wenn du halt so spät nach Hause kommst, dann dann hör ich - immer wenn ich jemanden durch das Tor kommen höre, denk ich du wärst das. Und dann wart ich zwei Minuten und denke - jetzt müsstest du die Haustür reinkommen, aber es kommt keiner die Haustür rein. Also es wär schön, wenn du jetzt nach Hause kommen würdest. (I: Aha) Also total sinnlos. Aber, aber total ernst halt sagt die das. Ich dacht vielleicht hab ichs ja gar nich verstanden - worum gehts überhaupt? Das Tor öffnet sich und dann wartet die zwei Minuten, dass da jemand die Haustür reinkommt. Keine Ahnung. (Thomas II 48:56)

Hm, heut komm ich nich Abend essen: Ah, dui dui dui. Und dann so: Bye, bye. (.) Direkt so. Bye bye. (I: Ja) Voll krass. Ich hab gedacht dass, ich würd, wenn ich das,

> wenn meine deutsche Mutter das da sagen würde, würd ich direkt denken - oh mein Gott, es is Krach. Nächsten Tag, voll schlechte Laune und alles. Aber gar nichts, ich komm dann nach Hause und ganz normal wieder alles. (I: Ja) Das is schon manchmal zum verrückt werden. (.) Wirklich zum verrückt werden. (..) Ah, ich verstehs auch nich. Aber am Wochenende auch wieder gar kein Problem: Da kann ich anrufen - ich weiß auch nich, ich weiß nich warum das an dem Wochenende kein Problem is. (Thomas II 625:632)

Obwohl er meist nicht zu einem umfassenden Verständnis vieler Situationen gelangt, zeigen die steigende Anzahl an erzählenswerten Erfahrungen sowie die teilweise ausführlichere Beschäftigung damit und die Zuschreibung zu typisch chinesischen Verhaltensweisen, dass das Leben in der Gastfamilie bedeutsame Erfahrungswerte innerhalb seines Chinaaufenthaltes bereithält, auch wenn Thomas das Zusammensein mit der Familie selbst nicht so wichtig ist.

Die Veränderungen von Verhalten und Verhaltenspotential

Thomas vergleicht zwar Unterschiede zwischen Deutschland und China, reflektiert aber sowohl Eigen- als auch Fremdkulturelles kaum. Da er sich schnell mit einer kulturellen Ursachenzuschreibung begnügt, erreicht er auch selten ein Verständnis eigentlicher Handlungszusammenhänge. Stattdessen ist wahrscheinlich, dass Thomas vorschnelle und damit auch falsche Attributionen vornimmt: Im folgenden Fall ist die Vermittlungsorganisation dafür verantwortlich, dass die Gasteltern dem Gast sehr viel Privatsphäre geben. Dieses Verhalten ist nicht auf eine kulturelle Ursache zurückzuführen. (So hat auch meine letzte Studie über Gastfamilienaufenthalte eher ergeben, dass chinesische Gastfamilien die Privatsphäre ihrer Gäste als wenig wichtig erachten.)

> Zum Beispiel das mit (.) ah, Chinesen - ich weiß nich, die lernen einfach irgendwie nich so schnell dazu, glaub ich, mit Ausländern. (I: Hm) Das is zum Beispiel (.) in meinem Zimmer, das is irgendwie für die so (.) n Kriegsgebiet, glaub ich. Da traut sich keiner rein, selbst wenn ich sage: Komm einfach rein, setz dich hin, dann erklär ich dir das. Die trauen sich einfach nich, in das Zimmer reinzukommen. (Thomas II 101:105)

Ebenso ist dieses Zitat ein Beispiel dafür, dass Thomas selten einen Perspektivwechsel einnimmt, da ihm hier anscheinend primär wichtig ist, dass sich seine Gastfamilie für den ausländischen Gast umstellt. Er selbst ist jedoch auch nicht immer bereit, seine Gewohnheiten umzustellen, wie das Thema Ausgehen zeigt. Ein Perspektivwechsel ist jedoch in Bezug auf das Essverhalten in China zu erkennen. Anfangs findet er die lockeren Tischmanieren befremdlich, nach einiger Zeit gefallen ihm diese jedoch und er schätzt die Gemeinschaftlichkeit.

Das fehlende Hinterfragen unverständlicher Situationen und die Zunahme derer bergen die Gefahr der Bildung von Stereotypen und Vorurteilen. Bei Thomas ist das Vorhandensein einer Vielzahl an Stereotypen, wie obige Zitate zeigen, wahrscheinlich. Sie helfen ihm jedoch auch, komplexe Tatsachen zu vereinfachen und zu strukturieren.

> Ja, Essen is sehr wichtig hier. Hat man auch keine Chance, wieder wie n Kind behandelt: Nein, du hast noch nich genug gegessen, is seh dass du noch nich genug gegessen hast. (Thomas I:1 213:214)

> Aber, wenn man, muss man immer genau überlegen, ob man in China frägt, weil (.) wenn man dann einen frägt, dann kommen die meistens mit und man wird wieder wie n Kind behandelt. Wirklich. (Thomas I:2 125:127)

Kommen ihm Situationen also bekannt vor, kann er sie leichter verarbeiten. Ebenso verhält es sich mit Situationen, die er noch nicht kennt oder einordnen kann: Da er ‚komische' Situationen gewöhnt ist, nimmt er neue dieser Art als gegeben hin und toleriert sie.

> Oder wenn ich jetz irgendwo was sehe, was merkwürdig is, in Deutschland würd ich direkt so denken: Hm, hä? Was is das denn jetz, oder so? (.) Sieht man schon gar mich mehr. (I: Hm) Das is (.) halt so verrückte Dinge, sag ich ma. (.) Jetzt fällt mir nichts ein. (I: (Lacht kurz)) (..) Ah (..) man gewöhnt sich halt sehr schnell - zum Beispiel die Regenschirmfrauen in China, die Regenschirmfraktion. (I: (Lacht kurz)) Das sieht man gar nich mehr, mittlerweile. Fällt mir schon gar nich mehr auf. (.) Ah ja, (..) allgemein dass Chinesen einen angucken, (I: Hm) man gewöhnt sich an alles, glaub ich. (Thomas II 677:683)

Die Vielzahl der erzählten Erfahrungen zeigt auch, dass sich Thomas während seines Chinaaufenthaltes viel kulturspezifisches Wissen aneignet.

Thomas' Erfahrungen in der Familie sind höchstwahrscheinlich Träger vieler dieser Dispositionsveränderungen, wie die Ausführungen zu seinem Gastfamilienaufenthalt zeigen. Die Situationen, die er dort erlebt, prägen sein Chinabild offenbar sehr und haben auch eine hohe Ausprägung von Stereotypen zur Folge. Die vielen merkwürdigen Situationen, die – wie er selbst sagt – für ihn zur Gewohnheit werden, begünstigen aber auch eine gewisse Ambiguitätstoleranz.

4.3 Fallübergreifende Analysen

4.3.1 Erfahrungen in Gastfamilien

Meine Interviewpartner berichten von einer Vielzahl an Erfahrungen in ihren Gastfamilien. So groß wie ihre Anzahl, so groß ist auch das Spektrum, das sie umfassen: Es gibt die großen, wichtigen Situationen, die das Zusammenleben stark prägen, aber auch die kleinen Episoden, die hier und da auftauchen und erzählenswert sind. Die Erfahrungen selbst reichen von ‚toll', ‚positiv' über ‚überraschend', ‚komisch' bis ‚unverständlich' und ‚schlimm'. Manche werden als individuell, andere als typisch chinesisch angesehen. Sie beziehen sich auf die aktiv gestaltete gemeinsame Zeit, stärker aber noch auf die Schnittstellen des täglichen Zusammenlebens. Das kann damit zusammenhängen, dass Gewohnheiten der Gastfamilie und ihr Tagesablauf mehr Potential fremder Verhaltensweisen bieten, aber auch damit, dass bewusst initiierte gemeinsame Unternehmungen oder Vorhaben wenig stattfinden. Der Aspekt der Fürsorge nimmt einen wichtigen Stellenwert ein. Viele Erfahrungen sind zudem durch Wiederholungshäufigkeit gekennzeichnet. Von Bedeutung ist außerdem, oder gerade deswegen, der Aspekt der Gewohnheit: Unabhängig von der Art der Erfahrung sprechen die Gäste häufig davon, sich an bestimmte Verhaltensweisen ‚gewöhnt' zu haben. Dies bringt in der Regel eine Abschwächung der Intensität der Erfahrung mit sich, weil sie nicht völlig neu erscheint, aber auch eine Festigung der Sichtweisen.

Das Leben innerhalb der Familie und das Leben außerhalb weisen viele Gemeinsamkeiten auf: Wie es dem Gast in der Familie geht, so geht es ihm auch in China allgemein. Keiner der Interviewpartner hat sehr schlechte Erfahrungen in der Gastfamilie gemacht, dafür aber sehr gute außerhalb – oder umgekehrt. Ebenso fügen sich konkrete Erfahrungen in der Gastfamilie in das Gesamtbild des Chinaaufenthaltes ein: Situationen innerhalb der Familie sind auch außerhalb wiederzufinden oder werden mit typisch chinesischen Verhaltensweisen in Verbindung gebracht. Unterscheiden sich Erfahrungen innerhalb der Gastfamilie von denen außerhalb, so finden die Gäste meist individuelle Ursachen dafür. Somit stützt und vertieft der Familienaufenthalt die Erkenntnisse über den Chinaaufenthalt als Gesamterlebnis, wirkt aber auch moderierend auf die ‚Erfahrung China' ein.

Die nachfolgenden vier Erfahrungen sollen beispielhaft dafür stehen, was die Gäste in ihren Gastfamilien erlebt haben.

4.3.2 Die Problematik des Ausgehens

In meiner vorherigen Studie klang bereits an, dass es sich beim Thema Ausgehen um einen wichtigen Faktor sowohl für Familien als auch für Gäste handelt: Gäste fühlen sich oft eingeengt; für Familien ist das Ausgehverhalten ihrer Gastkinder sogar häufig Grund für einen Abbruch der Aufnahme (vgl. Lauterbach 2009). Auch in diesen Interviews wurde deutlich, dass bei allen Befragten der Aspekt des Ausgehens eine Rolle spielt. Außer bei Frank beginnt bei den Gästen die Meinungsbildung bereits ohne Zutun der eigenen Gastfamilie: Von anderen Gastkindern, der Vermittlungsorganisation oder irgendwo anders hat man mitbekommen, dass Ausgehen am Abend in China nichts Selbstverständliches ist:

> Ja, was auch so witzig war, (lacht kurz) weil die Chinesen gehn ja also anscheinend nich so aus. Also es gibt zwar immer noch viele Chinesen, die hier ausgehen in Kneipen oder in Diskos, aber grundsätzlich tun sie das wohl nich so. Und grade die ältere Generation nicht. (Damaris I 266:269)

> Und (.) mh (.) aber, dann war das okay und äh, (.) ich bin deutlich später dann nach Hause gekommen als zwölf. (I: Ja) Aber sie war zum Glück nich mehr wach, was mir andere schon prophezeit hatten. (Thomas I:2 37:39)

In den Gastfamilien selbst wird die Handhabung des Themas jedoch unterschiedlich empfunden. Manche Gäste fühlen sich in ihrem Ausgehverhalten eingeschränkt, andere nicht. Ungeachtet dessen kommt jedoch bei allen Interviewpartnern der Aspekt Ausgehen zur Sprache. Die Beschäftigung damit *vor* der eigentlichen Erfahrung und auch bei positivem Empfinden zeigt, dass das Thema den Wunsch nach Freiheit und Selbstbestimmung berührt:

> Hm (.) ich hab mir über die Familie irgendwie gar nich so wirklich Gedanken gemacht, vorher. (I: Hm) Na, wie gesagt, halt mit den Freiheiten. Aber das war, die ham mir nach der ersten Woche eigentlich dann ham se mir gleich n Schlüssel gegeben. (I: Ja) Und ich kann, im Grunde genommen kann ich nachts (.) ja, also die rufen jetz nich an oder so irgendwie: Wann kommste nach Hause. (Anna I 346:350)

Dabei bedeutet nicht erst die Kürzung der Ausgehzeiten eine Einschränkung, sondern bereits das von den Gasteltern ausgedrückte Missfallen. An der Einstellung der Gäste, sich in ihren Plänen nicht beschränken zu lassen, ist kaum zu rütteln und die Kompromissbereitschaft ist entsprechend klein. Dessen sind sich die Gäste von Anfang an bewusst. Grund dafür muss nicht zwingend eine problematische Anpassung an andere Gewohnheiten oder Regeln sein, denn dass das Leben in einer fremden Familie auch eine gewisse Umstellung erfordert, ist den Gästen klar. Vielmehr spielen das Alter und die Einstellung, nicht mehr bevormundet werden zu wollen, eine wichtige Rolle. Damit ist ‚Ausgehen' auch Stellvertreter für alles, was mit Kontrolle zu tun hat.

> Das bin ich halt irgendwie nich so gewohnt. Also ich mein, seit zehn Jahren fragt keiner mehr: Wann biste nach Hause gekommen? (Lacht kurz) (I: Ja) Und auf einmal is jemand erstaunt, wenn man halt relativ spät erst da war, das war n bisschen neu für mich. (Lachen beide kurz) Und, ähm (.) ja das hat mich dann doch n bisschen gestört, (.) muss ich sagen. Dass sie halt sehr, dieses Überbehütete, sehr überbehütet warn. (Damaris I 306:310)

> Dass die Familie mich zum Beispiel einengt. Das hab ich so n bisschen gedacht, dass die vielleicht dann zu sehr auf einem draufglucken, (I: Hm) und einen kontrolliern oder so. Und das wär mir halt, das wär mir halt °gar nichts gewesen°. (Anna I 245:247)

Wie bereits angedeutet, verläuft die eigentliche Erfahrung mit Ausgehen bei jedem anders: Frank ist selten daheim und bemerkt lediglich, dass die Gasteltern anfangs häufig nachfragten, wann er zurückkomme. Anna empfindet wie Damaris in ihrer zweiten Gastfamilie keinerlei Probleme beim abendlichen Ausgehen. Damaris kann in ihrer ersten Familie zwar auch lange weggehen, fühlt sich aber durch ständiges Nachfragen gestört. Thomas merkt im Laufe der Zeit immer deutlicher, dass die Gastmutter seine Ausgehzeiten einschränken möchte. Ungeachtet der eigenen Erfahrung wird es immer als typisch angesehen, dass man in China selten und nur für eine kurze Zeitdauer ausgeht.

Neben dem Vorwissen darüber zeigt sich das für die Gäste vor allem daran, dass die Gasteltern über lange Ausgehzeiten erstaunt sind.

> Hat dann gefragt: Ja, wann kommst du denn wieder? Ich sag: Oh ich weiß noch nich. Weiß noch nich, vielleicht zwölf. Und (.) na das Gesicht hat glaub ich schon alles gesagt: Was? Zwölf Uhr, so spät? (Thomas I:2 32:34)

> Und am nächsten Abend, da warn wir irgendwie weg und dann hat er mich gefragt, wann ich zurück gekommen bin. Dann meinte ich: Ja, so um drei. (I: Ja) Und weiß ich nich, die sin aus allen Wolken gefallen! (Damaris I 277:280)

Wenn das Verhalten der Gasteltern den Annahmen der Gäste über problematisches Ausgehen jedoch nicht entspricht, wird dies damit begründet, dass die Familie sich nicht typisch verhält oder sich an die ausländischen Gäste anpasst:

> Ähm die, ich glaube, das liegt auch hauptsächlich daran, dass ich halt schon die Fünfte bin, die jetzt da ist. (I: Ja) Also die hat von anderen ja schon einiges mitbekommen, wie das so läuft bei uns mit Ausgehen und länger Wegbleiben (I: Ja) und nich immer nach Hause kommen zum Essen und so. (Damaris II 112:115)

> Also, auch sie gehn auch mal abends alleine weg und so. (I: Hm) Also das find ich auch schon recht modern und fortschrittlich, muss ich sagen. (I: Ja) Ich weiß nich, wie das sonst in China is, ich hab das sonst noch von keinem so gehört. (Anna I 822:824)

Dies ist natürlich möglich, zeigt aber, dass das Wissen um eine allgemeine Ausgehproblematik in China meinen Interviewpartnern in der Regel genügt.

Eine nähere Beschäftigung mit den Gründen findet kaum statt – elterliche Fürsorge reicht hier als Begründung anscheinend aus und stößt nicht auf Unverständnis.

> Ja. Ich weiß ganz genau, mit ihren eigenen Kindern und so, dass es halt nich so üblich is, dass die eigenen Kinder so lange draußen sind und vielleicht fällt es denen n bisschen schwer, für Ausländer da ne Ausnahme zu machen. (Thomas II 39:42)

> Weil ich mein, das Einzige is immer, dass sie sagen so, so als Mädel und alleine klar so: Komm sicher nach Hause und das is halt auch okay. (Anna I 354:356)

Weshalb Chinesen insgesamt, ungeachtet des Alters und Geschlechtes, auch wenig ausgehen würden, bedarf keiner Klärung. Zudem ist der Umstand, dass man selbst als jüngerer Gast höchstwahrscheinlich von den Gasteltern als Kind gesehen wird, den Gästen womöglich nur latent bewusst oder nur akzeptabel bis zu dem Punkt, an dem die eigenen Interessen nicht behindert werden.

Aufgrund der fehlenden Auseinandersetzung mit den Hintergründen bleibt ein tieferer Einblick in die familiären Verhältnisse in China teilweise verwehrt: Dass ‚Kinder' zum Beispiel, solange sie zu Hause wohnen, unter der Autorität der Eltern stehen, auch wenn sie das Erwachsenenalter bereits lange erreicht haben. Oder dass Kinder und junge Erwachsene sich stark auf ihre Bildung und Zukunftsgestaltung konzentrieren sollen und es deshalb nicht gutgeheißen wird, wenn man Freizeit und Spaß als wichtiger erachtet.[13]

Die Verbindungen vom Thema Ausgehen zu anderen in China relevanten Werten und Einstellungen sind also vielfältig, jedoch werden nur einige wahrgenommen: Thomas' Gastmutter ist mit seinem Ausgehverhalten nicht einverstanden, kritisiert ihn deswegen jedoch nicht direkt. Er kommt deshalb zu dem Schluss, dass Chinesen sich „nichts anmerken" lassen.

> Hao le, legt auf und man meint direkt so - voll Stress oder so, aber (.) Chinesen lassen sich nichts anmerken, man kommt n nächsten Morgen so ganz normal: Zaoshang hao. (I: Hm) Guten Morgen. Aber dann halt nich so tolles Frühstück und manchmal gar kein Frühstück. (Thomas II 25:27)

Auch Damaris fällt vor allem anhand des Ausgehens auf, dass ihre Gastmutter wahrscheinlich nicht zeigt, wenn sie mit etwas nicht einverstanden ist.

> Deswegen war mir halt auch nich klar, dass die sich halt gestern Abend da Sorgen gemacht hat, als ich da ne halbe Stunde später noch nich da war, (I: Ja) als ichs halt gesagt habe. (.) Muss man halt auch erstmal so hintersteigen, wann machen sie sich Sorgen und wann nich, oder zeigen sies überhaupt. (Damaris II 325:328)

In beiden Fällen führt das Erkennen dieser befremdlichen Verhaltensweisen zu einer Auseinandersetzung mit indirekter Kommunikation. Insbesondere Damaris beginnt daraufhin, sich ausführlich damit zu beschäftigen, wann und warum ihre Gastmutter möglicherweise Probleme nicht direkt kommuniziert und eine Konfrontation vermeidet. Hier zeigt sich, dass nicht die Erfahrung, Ausgehen sei problematisch, unverständlich ist, sondern die Art und Weise der Kommunikation. Damaris' zufälliges Erkennen, dass sich die Gastmutter bei längerem Wegbleiben sorgt, kann auch Anhaltspunkt dafür sein, dass sich Damaris vorher nicht intensiv mit den Handlungszusammenhängen in Bezug auf das Ausgehen auseinandergesetzt hat.

Das Thema ist auch Ausgangspunkt für weitere Überlegungen: So werden im Zusammenhang mit Ausgehen die hohe Bedeutung des Familienlebens, der Unterschied

[13] Diese und weitere Ausführungen zu kulturellen Handlungszusammenhängen basieren vor allem auf den Erkenntnissen aus dem Experteninterview. Sie werden aufgeführt, um konkrete Aussichten darauf zu geben, welche Hintergründe noch erforscht werden könnten; es besteht jedoch kein Anspruch auf Gültigkeit.

zwischen traditioneller und moderner Sichtweise oder der Generationenunterschied betrachtet. Im weiteren Sinne erfolgt außerdem eine Anbindung an folgende Themen: Die Gäste knüpfen an das Verbringen von gemeinsamer Zeit mit der Gastfamilie als Gegenstück zum Ausgehen an. Sie thematisieren den Aspekt der Privatsphäre, da dieser eng in Verbindung mit Kontrolle steht. Zudem gehen sie auf eine Art Neugier ihrer Gasteltern ein, da diese im Zusammenhang mit dem abendlichen Ausgehen häufig genau über Erlebtes und Pläne informiert werden wollen.

Die Bedeutung der Erfahrung

Die Problematik des häufigen und langen Ausgehens ist ein Aspekt, der gerade bei Kulturkontakt durch einen Gastfamilienaufenthalt bewusst werden kann und mit dem außerhalb des Familienlebens eine direkte Konfrontation selten stattfindet. Ein Anzeichen dafür ist auch die Beschäftigung aller Gastkinder mit diesem Thema.

Quelle der Erfahrung Ausgehen ist in starkem Maße der Austausch: Insbesondere Einschränkungen beim abendlichen Weggehen, auch wenn sie nicht selbst erlebt wurden, werden thematisiert und prägen das Chinabild häufig noch mehr als die eigenen Erlebnisse.

> Na ja. (..) Ja so, ich glaub andere, (.) andere Leute sind dann doch so n bisschen noch den - na in Anführungsstrichen jetzt - Zwängen der Familie unterlegen. Dass die dann doch eher wollen, dass man mal zu Hause ist und mehr mit denen isst und mehr mit denen macht, und so Ausflüge macht und so. (Damaris II 485:488)

Dies gibt auch Hinweis darauf, dass diese Erfahrungssituation in der Regel einen stärkeren Eindruck hinterlässt (oder erzählenswerter ist), je dissonanter sie sich den Gästen darstellt. Da sich jedoch alle, ob durch dissonante oder positive Erfahrung geprägt, kaum mit den Hintergründen selbst auseinandersetzen, kann nicht geschlussfolgert werden, dass Lernprozesse aufgrund von Dissonanz hier stärker stattfinden.

Deutlich wird, dass die Gäste das Thema häufig als Angriffspunkt für andere Aspekte des chinesischen Alltags sehen.

Die Veränderungen von Verhalten und Verhaltenspotential

Die Problematik des Themas Ausgehen selbst ist den Gästen bekannt und alle beschreiben konkrete Erfahrungen damit. Eigenkulturelle Handlungen werden reflektiert, indem die Gäste dem Bewusstsein, dass man in Deutschland gern weggeht, Ausdruck verleihen und durch das Erstaunen der Gasteltern realisieren, wie intensiv ihr Ausgehverhalten ist und welchen Eindruck es hinterlässt. Sie sind sich auch der Gründe bewusst, warum sie sich nicht einschränken lassen wollen.

Das Verhalten der Gasteltern in Bezug auf Ausgehen wird teilweise reflektiert, in der Regel aber nur beschrieben und es besteht kein tieferes Verständnis der Handlungszusammenhänge. Es tritt lediglich ein Verständnis für die Fürsorge ein und es wird dahingehend versucht, die Sicht der Gasteltern zu verstehen. Dieser Aspekt beschreibt jedoch keinen speziell fremdkulturellen Wert. Die Ablehnung einer Verhaltensänderung und mangelndes Verständnis der Hintergründe tragen außerdem dazu bei, dass kein Perspektivwechsel stattfindet. Wenn sich Ausgehen für den Gast jedoch als problematisch darstellt, findet eine Reflexion der fremden Verhaltensweisen stärker statt und schafft Bewusstsein dafür, dass indirekte Kommunikation genutzt wird, um Missfallen in Bezug auf das Thema auszudrücken. Auch fehlerhafte Attributionen sind möglich, wie sich bei Thomas zeigt: Da seine Gastmutter ihn nicht direkt mit ihrem Missfallen aufgrund seiner langen Ausgehzeiten konfrontiert, schlussfolgert er, dass sie nicht verstimmt ist und Chinesen im Allgemeinen sehr schnell verzeihen.

Auf verhaltensbezogener Ebene findet kaum eine Änderung statt, da die Gäste nicht bereit sind, ihre Gewohnheiten aufzugeben. Nur wenn die Verhaltensänderung keine wesentliche Einschränkung im Ausgehverhalten selbst bedeutet, wird sie vorgenommen: Damaris plant zum Beispiel in ihrer zweiten Gastfamilie Pufferzeiten ein, wenn sie ihre Rückkehrzeiten nennt, damit sich die Gastmutter bei geringer Verspätung keine Sorgen macht.

Thomas nimmt sich vor, an zwei Wochenenden, an denen die Gastfamilie Besuch hat und deswegen im Wohnzimmer schläft, früher nach Hause zu kommen, damit er sie nicht stört.

> Und da isses für mich jetzt gut zu wissen, dass es da halt (lacht kurz) noch gut is, nochmal genauer Bescheid zu sagen, oder halt einfach keine Uhrzeit zu nennen. Einfach sagen, es wird später. (Damaris II 152:154)

4.3.3 Die Bedeutung des Essens

Auch das Thema Essen tauchte bereits sowohl im Kapitel über Gastfamilienaufenthalte als auch in meiner Studie auf. Aus der Analyse der Interviews wurde ersichtlich, dass sich viele Erfahrungen darauf beziehen. Wie bedeutsam Essen in China ist und wie viele Facetten es hat, wird zwar nicht von allen Interviewpartnern explizit angesprochen – dass es im Zusammenleben von Beginn an eine große Rolle spielt, wird jedoch ersichtlich: Thomas und Damaris stellen früh fest, dass Essen in China sehr wichtig ist; bei Frank und Anna machen ihre Erzählungen die Bedeutung des Essen im Zusammenleben mit der Familie deutlich.

> Und in China, da is das irgendwie anders, das das zählt einfach nich, hier zähln andere Werte. (I: Hm) Das is äh, nich so wichtig und ich find das super. (I: Hm, weil) Bei, bei uns zählt zum Beispiel einfach mehr das Essen. (I: Ja) Das Essen is sehr wichtig. (.) Ähm, (lacht kurz) das drumherum is einfach nich so wichtig. (Thomas I:1 194:197)

> Also wir waren ja, wie gesagt, durch den Unfall waren wir jetz nich mehr - normalerweise warn wir dann Freitag meistens essen mit den Freunden und dann ham sie immer so auf n schönes Wochenende irgendwie mal angestoßen und sind dann eben zusammen essen gegangen. Und wir warn dann glaub ich nur noch einmal. (.) Ey das war auch so krass, da warn wir hier neben dem, hinter dem Suning (zeigt) is so n Restaurant - äh, Lan Palace heißt das, weiß nich ob du da schon mal warst, das is irgendwie, das is - sieht auch wirklich aus wie n Palast. (I: Ja) Also das war wieder so n mega, also mega krasses Ding, da hatten wir dann auch so, wieder so n Zimmer da irgendwie für uns, und nich nur Zimmer - sondern halt mit eigenem Bad und eigener Küche wieder mal. (Anna II 659:667)

Die Positionierung zu diesem Thema ist nicht so eindeutig wie die zum Thema Ausgehen. (Alle Gäste finden es nicht gut, wenn ihr Ausgehverhalten eingeschränkt wird.) Möglicher Grund ist, dass durch das Medium Essen eine Vielzahl verschiedener Aspekte kommuniziert wird. Insgesamt lässt sich bei den Gästen jedoch die Tendenz erkennen, dass sie die hohe Bedeutung, die dem Essen beigemessen wird, übertrieben finden:

> Aber (.) ja das war halt, ähm (.) das vom Eindruck her, dass ich dachte so: Warum legen die so viel Wert auf das Essen? Ich esse mittags warm, mehr oder weniger. (I: Ja) Und ich esse abends mit denen warm. Und ich esse in Deutschland nur meistens einmal am Tag warm. (Damaris I 218:220)

> Frau hat keinen Bock, Frühstück zu machen. (I: Hm-mh) Aber sie fühlt sich irgendwie dazu gezwungen, oder verpflichtet. (.) Hm, war manchmal halt auch so, dass es, wir ham ja gesagt: Am Wochenende, wir schlafen bis elf Uhr (I: Im) - mach kein Frühstück! (.) Halt Frühstück um sechs Uhr gemacht und dann halt so lange Türen geschlagen, bis jemand raus kam irgendwie. Und ihr Frühstück gewürdigt hat. (I: Ja)

> So, so zumindest war der Eindruck bei uns. Vielleicht war das auch unbeabsichtigt, aber (.) mh (.) ja. Und das iss halt (..) es is, es nervt halt einfach. (Frank I 444:450)

Für detailreichere Aussagen ist es jedoch notwendig, die Aspekte der Bedeutung des Essens näher zu beleuchten: An erster Stelle steht für die Gäste wiederum die Fürsorge, die sie mit dem Verhalten der Gastfamilie in Zusammenhang bringen. Den Gastfamilien kommt es auf die Qualität und Quantität der Nahrungsaufnahme ihrer Gastkinder an: Ihre Gäste also rundum versorgt zu wissen, ist für die Familien sehr wichtig. Franks eben zitierter Ausschnitt über die Frühstückszubereitung der Mutter zeigt, dass die Versorgung ihrer Gäste für die Gasteltern (zumindest am Anfang) anscheinend solch eine hohe Bedeutung hat, dass dies selbst weiter verfolgt wird, wenn es für sie eine Belastung darstellt. Thomas' Erfahrung gibt hingegen Hinweis auf einen anderen Aspekt der Fürsorge: Darauf wird insbesondere Wert gelegt, wenn man jemandem etwas Gutes tun will, beziehungsweise im Umkehrschluss wird die Fürsorge eingeschränkt, wenn man Missfallen ausdrücken möchte.

> Und dann fängt das Problem schon an. (I: Ja?) Ach, halb elf is Sperrstunde. (I: Hmmh) Was heißt Sperrstunde - ich komm zwar daheim rein, aber (..) na - chinesische Art zu zeigen, dass sies nich in Ordnung findet is, am nächsten Morgen das Frühstück is nich so toll. (I: Ja, das merkst du?) Oder es gibt, es gibt kein Frühstück, auch schon passiert. (Thomas II 14:17)

Damit ist ‚Essen' auch indirektes Kommunikationsmittel, wie Thomas teilweise bewusst wird. Auch Damaris ist sich (wie in Bezug auf das Ausgehen) nicht sicher, ob sich die Gastmutter eine mögliche Enttäuschung nur ‚nicht anmerken' lässt, wenn Damaris von den zubereiteten Speisen nicht probiert.

Die Fürsorglichkeit der Gastfamilien sehen die Gäste hier mit gemischten Gefühlen: Wie oben beschrieben, halten sie auch diesen Unteraspekt für übertrieben und empfinden ihn häufig als unangenehm und zwanghaft, da er auch sehr hartnäckig verfolgt wird. Trotz Kritik wird jedoch keine komplette Ablehnung empfunden, da auch hier ‚Fürsorge' verständlich und nachvollziehbar erscheint.

> [...] ja so fürsorglich halt. (I: Hm) Also dass, ich hätt nie gedacht, dass ähm, diese Frage (.) um das Essen herum auch immer das Frühstück grade so ne hohe Bedeutung hat. (I: Ja?) Weil ich muss um sechs Uhr aufstehn, wegen der Schule. Und die stehen um sieben auf. Und das heißt, sie können mir kein Frühstück machen, außer sie, die Mutter steht mindestens ne halbe Stunde früher auf. Weil ich zwanzig vor

sieben oder halb sieben halt frühstücke. (I: Ja) Hab ich aber gesagt, dass ich das nich möchte, weil mir das, das is mir voll peinlich eigentlich. (Damaris I 186:191)

Nein, du hast noch nich genug gegessen, is seh dass du noch nich genug gegessen hast. (I: Ach und dann wird) Ja, und dann holt sie noch was und noch was und noch was und, oh - dann kann man auch kein ‚Nein' sagen. Da muss (I: Ja) man dann nochmal ran. Ja, wirklich bis man gar nich mehr kann. (I (lacht kurz) Und, wie findest du das? Is das okay oder is das) Ja ja. Man gewöhnt sich schnell dran. (Thomas I:1 213:221)

Im Gegensatz dazu wird es von Anna und Thomas als positiv angesehen, dass Essen in China eine gemeinschaftliche Angelegenheit ist und in einem sehr kommunikativen und ausgedehnten Rahmen stattfindet. Besonders Thomas findet auch an den lockeren Essgewohnheiten Gefallen.

[...] und hier werden die Teller in die Mitte gestellt und dann alle drauf los. (I: Ja) Und ich glaub, das, wenn ich wieder zurück nach Deutschland gehe, das werd ich auch vermissen. Weil ich find das einfach toll. (I: Wenn du überall mal so) Ja, ja. Das is, ich find das auch viel gemeinschaftlicher. (Thomas I:2 400:403)

Ein Aspekt, der hingegen kritisch beäugt und von Frank gar abgelehnt wird, ist das Demonstrieren von Wohlstand und Status durch beispielsweise ein spendables Essen:

Aber wahrscheinlich wars teuer, und deswegen wars gut. Und dem Anlass angemessen irgendwie also. (I: Ja) (.) Es ging auch gar nich so um das Essbare, sondern (.) einfach nur (4s) einfach nur, wie sagt man? (I: Prestige) Status, ja - Prestige. (I: Ja) (Frank II 153:155)

Essen selbst ist jedoch auch ein Alltagsaspekt, der Beachtung verdient: Was auf den Tisch kommt, ist manchmal befremdlich. Bei Damaris wird deutlich, dass sie Gerichte als chinesischer einstuft, je fremder sie sind:

Hm, (.) also ich glaube mittlerweile, dass chinesische Kultur schon anders is natürlich als die westliche, aber wenn man einfach so, (.) ich weiß nich - also es war halt da einmal, weil die [ersten Gasteltern] auch so ähnlich gekocht haben zum Beispiel wie wir. Und ich hab immer gedacht, es wär so unterschiedlich. Wars ja aber nich. (I: Ja) Die kocht jetzt zum Beispiel schon anders, aber das is ja das Leben an sich. (Damaris II 888:892)

Ihre zweite Gastfamilie findet sie vor allem deswegen ‚chinesischer' als ihre erste, weil ihr die Gerichte seltsamer erscheinen. ‚Essen' wird also manchmal als ein Aspekt der Alltagsbewältigung gesehen, der keiner tiefen Hintergrundanalyse bedarf, weil er – wenn er fremd ist – einfach als landestypisch gesehen wird. Das kann nicht nur bei Damaris, sondern auch bei den anderen Gästen Hinweis darauf geben, dass eine Befremdlichkeit des Themas Essen als selbstverständlich angesehen wird, da Erfahrungen damit zwar beschrieben werden, sowie kritisch betrachtet und auch geprüft wird, was damit kommuniziert werden könnte, aber bei einem Unverständnis ‚Essen' auch schlicht als fremd abgetan werden kann.

Die Bedeutung der Erfahrung

Auch die Bedeutsamkeit des Essens ist eine Erfahrung, die man besonders gut in Gastfamilien machen kann: Zwar ist es wahrscheinlich, dass dies in China auch deutlich wird, wenn man nicht in einer Gastfamilie lebt, jedoch offenbart das Zusammenleben mit der Familie viele Einblicke, die sonst verwehrt bleiben könnten: Das beginnt bei den Gerichten selbst, die – von der Familie selbst zubereitet und nach ihrem Geschmack gewählt – sicherlich anders sind, als wenn man als Ausländer im Restaurant das bestellt, was einem schmecken könnte. Zwar ist die Erfahrung von Status, Geselligkeit und Lockerheit auch außerhalb des Zusammenlebens mit Gastfamilien gut möglich; Situationen, in denen Fürsorge ausgedrückt wird, kommen aber wahrscheinlich seltener vor und werden als weniger hartnäckig wahrgenommen, da die Kontinuität nicht gegeben ist.

Außerdem ist Essen ein wichtiger Bestandteil gemeinsamer Zeit zwischen Familie und Gast und damit Ausgangspunkt für das Erfahren neuer Aspekte.

Auch bei diesem Thema ist der Austausch mit anderen Gästen wichtig, wie sich hier bei Anna zeigt: Da sie aus Erzählungen anderer weiß, dass man immer mehrmals zum Essen aufgefordert wird, dies in ihrer Gastfamilie jedoch nicht der Fall ist, fragt sie sich, warum diese sich so untypisch verhält.

> Also die fragen halt einmal nach, also bei andern is das ja so - (.) die ham halt, die leeren ihre Reisschüssel und dann heißt es: Hier, willste noch was? (I: Hm) Und dann sagen die vielleicht aus Höflichkeit: okay. Und dann kriegen die noch was, und dann wird denen das halt wirklich aufgedrängelt. Also dann nimmt das kein Ende, (.) und bei mir is das halt nich so. (Anna II 174:178)

> Und das fand ich auch gut, weil das is immer gut zu wissen - also ich hab das schon gemerkt, dass die eben nich so drängeln. (.) Ähm, aber ich wusst jetz nich, woher das kam. (Anna II 204:205)

Trotzdem ist ein Großteil der Berichte über Essen handelnder Teilnahme zuzuschreiben, vielleicht weil Fürsorge und Hartnäckigkeit ein starkes Gefühl von Betroffenheit auslösen. Außerdem sind Erfahrungen im Zusammenhang mit Essen häufig ‚krass' oder amüsant.

> Na, das Beste war immer noch, weil die denkt halt ich wohne in Frankfurt. Tue ich nicht, aber das macht eigentlich nichts. Ich habe ihr nämlich erzählt, ich wohne in der Nähe von Frankfurt. (I: Ja) Hat sie aber nich verstanden. (Lacht kurz) Sie glaubt, ich wohne in Frankfurt. (.) Und als ich ihr halt erzählt habe, dass ich keinen Fisch esse, hat sie mich gefragt, ob Frankfurt denn nicht am Meer liegt. (Lacht) (I: Ja) (.) Ich mein, (.) und ich glaub wenn Frankfurt am Meer liegen würde, hätt ich noch größere Probleme. (I: Keine Ausrede) Hätt ich gar keine Ausrede, dass ich keinen Fisch esse. (Lachen beide) Ich mein, Qingdao liegt am Meer, die Leute essen hier Fisch. (I: Ja) Frankfurt liegt nicht am Meer, also ess ich keinen Fisch. Also chinesische Kausalität. (Lacht) Ich war sehr überrascht über die Frage, da hab ich gesagt so: Nein, Frankfurt liegt nicht am Meer. (Lacht) Na ja, das war irgendwie sehr witzig. (Damaris II 250:259)

Es gibt im Zusammenhang mit Essen sowohl positive als auch dissonante Erfahrungen. Wie sich an Thomas' Begeisterung über die Essensgewohnheiten zeigt, sind hier die positiven Erfahrungen nicht weniger erzählenswert als die negativen.

Die Veränderungen von Verhalten und Verhaltenspotential

Für sie relevantes Kulturwissen über ‚Essen' erfahren die Gäste auch außerhalb der Gastfamilie, unter anderem im Business-Kontext:

> Zum Beispiel wenn ich mit meinen Chef (I: Hm) auf Geschäftsessen geh, mit Chinesen oder so, das sin halt so ein paar Regeln muss man halt wirklich befolgen. Und das is mit dem Glas anstoßen, das is schon super wichtig. (I: Ja) Oder dass, wenn man als Erster jetzt in son (.) einen Speisesaal reinkommt, (.) ähm (.) sag ich mal, der einlädt oder (.) der halt die wichtigste Person jetz im, im Raum - (I: Hm) der muss sich gegenüber von der Tür hinsetzen. Mit dem Gesicht zur Tür, zur Eintrittstür. (I: Ja) Wehe du gehst als Erster in den Raum rein und setzt dich an diese Position. Oh, is auch schon alles vorbei in China. (Thomas II 570:576)

Dieses Wissen wird als konkrete Handlungsanleitung genutzt, was in dem Maße bei Erfahrungen in Gastfamilien nicht der Fall ist.

Im Gegensatz zu Anna und Frank, die die Bedeutung des Essens nicht als kulturell thematisieren, dafür aber Teilaspekte beschreiben, ist Damaris und Thomas dieser Wert bewusst.

In den Gastfamilien werden die befremdlichen Handlungen, die mit Essen in Zusammenhang stehen, oft reflektiert und bringen den Gästen Erkenntnisse, was über Essen kommuniziert wird. (Das zeigt außerdem, dass im Zusammenhang mit Essen isomorph attribuiert werden kann, indem unter anderem das Auftafeln teurer Speisen auf das Demonstrieren von Status zurückgeführt wird.) Gründe für die Bedeutung des Essens, zum Beispiel die Schlussfolgerung, dass Essen ein wichtiges Kommunikationsmedium ist oder dass (gutes) Essen in vergangenen Zeiten oft rar war, werden jedoch nicht aufgedeckt. Lediglich Damaris versucht zu erkennen, warum Essen in China so wichtig ist, gelangt aber auch zu keinem tieferen Verständnis.

> Aber gut, das is halt - ein Freund von mir, der kommt aus Indonesien, der versucht mir das zu erklärn, dass die Frauen sich halt nich wohl fühlen, irgendwie wenn se nich kochen, oder so. (I: Hm) Dass das halt so ne hohe Bedeutung hat, in Asien. (.) Und dann meinte er, das wär n bisschen kompliziert. (Damaris I 224:227)

Über eigenes Verhalten wird hin und wieder nachgedacht, wenn es zum Beispiel darum geht, wie die Gasteltern die Ablehnung von Speisen aufnehmen. Häufig erscheint die Reflexion der eigenkulturellen Handlungen aber nicht notwendig, da Gäste eher passiv sind – wenn sie zum Essen gedrängt werden und nachgeben – oder die Verhaltensweisen rund um das Essen beobachten, beispielsweise in Restaurants.

Geselligkeit beim Essen und die lockeren Tischmanieren sind für Thomas Aspekte, die er gern ‚mitnehmen' würde und gut findet. Dass dies einen Perspektivwechsel markiert, zeigt sich anhand der anfänglichen Bewertung des Essverhaltens:

> Ja, ich sag mal, grade mit dem Essen oder so. (I: Hm) Das is, also ich find das toll. Ich find das toll. Man kriegt immer n paar Speisen, (I: Ja) da kann man sich dann mit, kann man sich dann halt bedienen nach Lust und Laune. Man hat nich seinen eigenen Teller. (I: Hm) Alle essen von denselben Tellern. Das find ich richtig toll. Am Anfang hat mich das doch sehr irritiert, muss ich sagen. (I: Hm) Weil, von Deutschland kennt man das auch nich, wenn man da chinesisch essen geht, dann kriegt auch jeder seinen eigenen Teller, (I: Ja) und hier werden die Teller in die Mitte gestellt und dann alle drauf los. (Thomas I:2 394:401)

Anna kann sich im Gegensatz dazu an die Tischmanieren nicht gewöhnen.

Die Auswirkungen der Erfahrungen mit Essen auf Verhaltensdispositionen sind demnach unterschiedlicher als bei Erfahrungen mit Ausgehen und noch stärker abhängig von individuellen Präferenzen.

4.3.4 Der Mangel an Informationen

Eine weitere Erfahrung, die drei der Interviewpartner gemacht haben, wurde bisher noch nicht thematisiert: Die Gastfamilien informieren ihre Gäste kaum über Veränderungen oder bevorstehende Pläne. Thomas erlebt dies in wenigen Situationen. Sowohl bei Anna als auch bei Frank nimmt dieser Aspekt aber einen hohen Stellenwert im Zusammenleben mit der Gastfamilie ein. Dass wichtige Dinge nicht oder spät kommuniziert werden, ist für alle drei unverständlich; für Anna und Frank stellt es eine immer neue Herausforderung dar: Sie werden mit diesem für sie schwer nachvollziehbaren Verhalten wiederholt konfrontiert und können sich nicht daran gewöhnen. (In diesem Punkt unterscheidet sich diese Erfahrung von den vorherigen, da diese zumindest etwas nachvollzogen werden können.)

Anna bringt beispielsweise im zweiten Interview, nachdem bereits viele themenrelevante Situationen auftauchten und erzählt wurden, in Bezug auf einen erneuten Mangel an Informationen plötzlich ihr Unverständnis zum Ausdruck:

> Also das is so, wo ich so dachte so: Man kann doch einfach mal sagen, ob man irgendwie wegfährt [...] (Anna II 343)

Das Befremden kann jedoch noch auf eine höhere Stufe gestellt werden: Für Anna und Frank stellt diese Verhaltensweise nicht nur eine ‚neutrale' Unverständlichkeit, sondern eine negative dar: Frank erklärt, dass er keine Böswilligkeit in diesem Verhalten sieht, es fällt ihm aber trotzdem schwer, es nicht als unverschämt anzusehen, dass die Gastmutter nicht über die Geschäftsreise des Gastvaters informiert.

> Oder nur dann vom vom wenn der Mann weg war, hats die Frau dann irgendwann gesagt, dass er (.) und das is ja schon so n Ding irgendwie wo du - ich mein klar, es is nich so unhöflich gemeint, aber es is halt, es is für für n Westler halt schon hart irgendwie. Weil du halt denkst irgendwie, sag mal: Was, was wollt ihr eigentlich von mir? (Frank I 242:246)

Obwohl Anna dieser Verhaltensweise nicht so ablehnend gegenübersteht, wird auch bei ihr deutlich, dass sie das Gefühl der Unangemessenheit nicht ganz abschütteln kann.

> Und ähm, vor allen Dingen war das dann auch so n bisschen merkwürdig, weil sie sich, also für mich wars, ich war ja grad noch neu irgendwie in der Familie, und dann ham sie halt so gesagt: Ja, wir können dich jetz mal nich mitnehmen. Also so,

> auch so mit so nem Lachen im Gesicht, so bei uns würde man das einfach anders rüberbringen. Also dann (I: Hm) würde man so sagen, ja so: Tut uns leid, aber geht jetz leider nich und so. Und da würde man das schon so am Tonfall merken. Aber das war so, so: Ja wir fahrn weg und du bleibst hier, ja? So vergnüg dich mal selber. (Anna I 311:316)

Es zeigt sich eine persönliche Betroffenheit, womöglich sogar eine Kränkung. Verständnis und Akzeptanz fallen schwer, weil die Gasteltern nach Meinung der Gäste versäumen, was für diese eigentlich „selbstverständlich" ist.

> Also das, dann die Tatsache, dass praktisch (.) ähm, dass es halt nich wirklich so, so ne Kommunikation für für uns selbstverständliche Sachen wie, wie der Mann is jetz für zwei Tage in Beijing oder so, wie auch immer. (Frank I 334:336)

Anna und Frank vergleichen, wie man sich in Deutschland verhalten würde, was also das ‚Selbstverständliche' ist. Thomas bringt seine Irritation deutlich zum Ausdruck, da sich ihm dieses Verhalten überhaupt nicht als ‚selbstverständlich' darstellt.

> Ach ich weiß jetz, übernächste Woche oder so bekommen wir noch zwei, zwei neue Mitbewohner. (.) (I: Wie kommt das?) Das ham die mir, das würden die mir auch gar nich sagen, ge? [...] Ja, und ich geh ans Telefon, weil ihr Englisch is halt nich so gut und red ich so: Aha, hallo. Ich hab gehört, dass es n Amerikaner is, so geredet und so. Und dann hat er irgendwas gefragt so - hat er mir so Daten durchgegeben, so Tagesdaten, (I: (Lacht kurz)) wann wann sie vorbeikommen würden. (I: Ja) - Hä? Wo kommt ihr vorbei? Wo kommt ihr vorbei? (I: Du hattest keine Ahnung) Hä? Was, was - wo? Bei uns? Hm? (Thomas II 155:165)

Der Informationsmangel bezieht sich auf Situationen, die von Veränderungen im Alltagsleben (langer Bekanntschaftsbesuch); über Pläne der Familie selbst (Geschäftsreise oder Wochenendausflüge) bis hin zu gemeinsamen Ausflugs- oder Ausgehplänen reichen, die nicht oder erst kurz vorher kommuniziert werden. Obwohl nicht jeder Gast mit allen Formen konfrontiert ist, kann unabhängig von den persönlichen Einstellungen vermutet werden, dass eine solche Situation als intensiver und problematischer wahrgenommen wird, je mehr der Gast involviert – und damit betroffen – ist.

Anna, Frank und auch Thomas sehen diese Verhaltensweisen als typisch chinesisch an. Grund dafür kann sein, dass sie außerhalb der Gastfamilie auch solche Situationen erleben, aber auch, dass sich ihnen diese Erfahrung als besonders befremdlich darstellt. Die Wiederholungshäufigkeit bei Frank und Anna bestätigt sie in ihrer Einstellung, dass es sich um etwas Kulturelles handelt.

> [...] Was, was wollt ihr eigentlich von mir? (I: Hm) Aber ich mein so was, so was seh ich halt auch bei, bei der Arbeit die ganze Zeit. (Frank I 245:247)

> Also das is so, wo ich so dachte so: Man kann doch einfach mal sagen, ob man irgendwie wegfährt, also so (I: Ja) und ich glaub, das war schon sehr, sehr chinesisch, weil das hatt ich ja auch schon mal, dass ich dann am Wochenende, dass ich wie gesagt ja immer nachfragen muss so: Habt ihr Pläne fürs Wochenende, ich hab das und das und das vor. (Anna II 343:346)

Trotz des starken Differenzerlebens begnügen sich die Gäste mit der Zuweisung zu einer typischen Verhaltensweise. Lediglich Frank ‚gräbt' etwas tiefer, indem er den Mangel an Informationen mit der Frage nach Gruppenzugehörigkeit in Zusammenhang bringt.

> Was heißt kulturtypisch - es is wahrscheinlich so eher (.) gehörst du mit zur Gruppe oder gehörst du nich zur Gruppe oder zur Subgruppe. (I: Hm) Und wenn (.) hm, wenn du halt nich zur Gruppe gehörst, weil du Ausländer bist oder dann, (.) dann is das halt nich so wichtig irgendwie. (Frank II 278:280)

Seine Schlussfolgerung, dass er wohl nicht zur Gruppe gehöre und deswegen auch nicht informiert wird, markiert aber Anfang und Ende seiner Überlegungen.

Wenn Dinge ‚nicht kommuniziert' werden, ist bei den Gästen ein gedankliches Anknüpfen an indirekte Kommunikation in Reichweite: Für Frank sind vor allem diese zwei Aspekte für die Distanz zur Familie verantwortlich; Anna ist der Meinung, dass ihre Gastfamilie eine Enttäuschung über eine Ablehnung der gemeinsamen Pläne nicht direkt kommunizieren würde.

Trotz ähnlicher Empfindungen in Bezug auf den Mangel an Informationen gehen die Gastkinder unterschiedlich damit um: Thomas nimmt die Situation als gegeben hin, vielleicht, da er sie nur einmal bewusst wahrnimmt. Anna möchte solchen Situationen vorbeugen, indem sie bereits zeitig ihre Pläne kommuniziert und Überschneidungen damit vermeidet. Frank betreibt das Gegenteil, indem er bei Verdacht auf bevorstehende gemeinsame Pläne, die er nicht wahrnehmen kann oder will, bewusst auf ein Ansprechen durch die Gasteltern wartet und ihnen dann eine Absage erteilt.

Die Bedeutung der Erfahrung

Situationen, in denen persönlich Relevantes nicht kommuniziert wird, können im chinesischen Alltag allgemein vorkommen. Das Zusammenleben mit einer Familie zeichnet sich aber in der Regel durch Abhängigkeiten und Verbindlichkeiten aus. Das Teilen vieler Alltagsaspekte lässt bei den deutschen Gästen den Wunsch nach Informiertheit aufkommen. Da dies nicht stattfindet, hinterlässt diese Erfahrung wahrscheinlich einen tieferen Eindruck, so als würde ein Bekannter, den man vielleicht auch nur sporadisch sieht, über eine Veränderung nicht oder spät informieren. Im äußersten Fall kann die Erfahrung dazu führen, dass man sich in die Familie nicht integriert, sondern von wichtigen Vorgängen ausgeschlossen fühlt. Franks Wahrnehmung, nicht zur Gruppe zu gehören, lässt dies vermuten.

Die Erfahrung selbst stellt sich für keinen der drei Gäste positiv dar. Für alle ist sie dissonant und löst gewisse Strategien aus, wie man den Umgang damit zukünftig gestaltet.

Von Interesse ist, dass diese Erfahrung nur im Zusammenhang mit der eigenen handelnden Teilnahme thematisiert wird. Dies kann, wie bei der Bedeutung des Essens, mit dem starken Gefühl der persönlichen Betroffenheit zusammenhängen. Selbst Vermutungen über ähnliche Situationen drehen sich nicht um eine Beobachtung, sondern die Betroffenheit der Person selbst:

> Also wenn, (.) ich bin mir sicher wenn wir, es steht so n bisschen m Raum, dass wir da (.) das Büro wechseln und ich bin mir sicher, wenn (.) jetz wenn der Chef nich da is, und der andere Kollege nich da is, dann würd ich dann praktisch so: So Frank, heute ziehen wir um. (I: Ja) Obwohl wirs schon seit vier Wochen wissen. (Frank I 247:251)

Ein Austausch mit anderen Gästen findet nur statt, wenn es um die Reaktion auf eine solche Situation geht. Annas Gasteltern planen einen Ausflug mit ihr, sie erhält von ihnen jedoch keine Information, wie spät dieser stattfinden soll.

> Sie so: Ja ja, wir fahrn schon weg, aber können wir dir jetz nich erklärn. Ich so: Aha, okay - ich mein, wir fahrn morgen irgendwo weg, ich weiß nich wie lange und (.) (I: Ha) ja, und hm. Und ich weiß nich, wann ich aufstehen soll. Und ich so: Wir sehn uns ja dann ja abends nich mehr. (I: Ja) Ja, und dann hab ich halt Emily gefragt und die hat dann so gemeint: Ja, steh einfach um sieben auf und mach dich fertig und dann biste halt so, (.) ja und dann bin ich um sieben aufgestanden und war halt todmüde. (Anna II 335:340)

Die Veränderungen von Verhalten und Verhaltenspotential

Da sich die dissonante Erfahrung direkt auf die Gäste auswirkt, sehen sich alle gezwungen, in irgendeiner Weise zu reagieren. Frank tut dies durch Unterlassen von Handlungen, die eigentlich dazu beitragen könnten, eine unangenehme Situation zu vermeiden: Er vermutet, dass die Gastfamilie ein gemeinsames Abschiedsessen plant und weiß aber, dass er vor der langen Reise nicht essen gehen möchte, bespricht dies jedoch nicht mit seinen Gasteltern.

> Wär ja alles kein Problem, wenn se das vorher sagen würden, aber ich bin mir eben sicher, dass se das dann am Abend sagen würden. [...] Aber, gut da eben keine Kommunikation, oder zumindest nich in (.) so, so was wir an Kommunikation äh, für Kommunikation halten, das es halt nich wirklich stattfindet so, (I: Hm) (.) wird das wohl in so einem (.) Desaster enden, sag mer mal so. (I: Ja) (.) Aber gut, ich mein mir is das auch völlig egal. (Frank II 138:145)

Im Gegensatz zu ihm finden bei Anna und Thomas aber Verhaltensänderungen statt. Thomas findet sich zumindest mit den Auswirkungen ab; das heißt, dass er die Änderung im Alltagsleben durch die Aufnahme zweier weiterer Gäste, die sich durch die mangelnde Kommunikation für ihn so plötzlich ergibt, toleriert und seine Ausgehgewohnheiten für die Dauer des Aufenthaltes der Gäste einschränkt. Anna hingegen erwirbt aktiv neue Handlungsweisen, um sich auf das Verhalten der Gasteltern einzustellen. Diese entwickelt sie aufgrund der Erkenntnis, dass die Gasteltern bereits früh planen.

> Aber ich weiß ganz genau, dass die schon länger, (I: Hm) also jetz mittlerweile habs dann mitgekriegt, dass die schon länger vorher wissen, dass sie das definitiv an dem Wochenende machn. (Anna I 299:300)

> Ähm, (.) ich habs mir jetz aber angewöhnt, wenn ich Unterricht hab, ich hab ja nur aller zwei Wochen. (I: Hm) Dass ich denen das dann auch wirklich immer vorher sage, also dann auch von mir aus irgendwie vorher sage: Ich hab das und das und das vor, (.) (I: Schon mal Bescheid sagen) und dann eben nochmal - ja - und dann eben nochmal nachfrage: Wisst ihr schon, was ihr am Wochenende macht. Und, man muss halt nur immer dran denken, weil ich bin das halt nich gewöhnt und ich muss mir dann wirklich vorher so klar machen so: Jetz denk aber auch dran, die wirklich zu fragen. (Anna II 375:381)

Annas Umstellung, die – wie sie selbst zugibt – ihr recht schwer fällt, bedeutet jedoch nicht, dass sie ihre kritische Einstellung geändert hat. Ihre Verhaltensänderung dient dazu, möglichen Problemen aus dem Weg zu gehen und eine Enttäuschung oder gar einen Konflikt mit der Familie zu vermeiden, sollten sich ihre Pläne doch einmal überschneiden.

Die eben gezeigte Kommunikation über ihre eigenen Reaktionen zeigt, dass sich alle drei Gäste mit ihren eigenen Handlungszusammenhängen auseinandersetzen. Thomas, vor allem aber Anna, zeigen Flexibilität im Umgang mit dieser Erfahrung. Die fremdkulturellen Handlungen werden jedoch größtenteils nur beschrieben und nicht ergründet, die Gäste gelangen deshalb auch zu keinem tieferen Verständnis. (Auch Frank setzt sich erst auf Nachfrage mit dem Aspekt Gruppenzugehörigkeit auseinander.) Die Ablehnung dieser Verhaltensweise zeigt auch, dass hier ein Wechsel der Perspektive nicht eingenommen wird.

Ein tieferes Verständnis der Hintergründe könnte aber dazu beitragen, das Dissonanzempfinden dieser Erfahrung abzuschwächen und eine ablehnende Haltung zu reduzieren: Es ist wahrscheinlich nicht der Fall, dass chinesische Familien *nicht* kommunizieren, sondern dass sich ihre Art der Kommunikation nicht auf eine direkte Mitteilung von Sachverhalten, sondern eine Information über Kontext bezieht.

Somit ist in Franks Fall zudem fraglich, ob er richtig attribuiert: Ist das Fehlen von Informationen wirklich darauf zurückzuführen, dass er nicht zur Gruppe gehört? Womöglich nimmt er eine Kommunikation nur nicht wahr, da er Zusatzinformationen benötigen würde, seine Gastfamilie Bekanntes jedoch voraussetzt.

4.3.5 Die Bedeutung von Familie

Die Erfahrung, dass die Familie in China einen hohen Stellenwert einnimmt, soll am Ende der Auflistung stehen, auch wenn auf den ersten Blick anzunehmen wäre, dass sie aufgrund des zentralen Wertes der Familie gleich zu Beginn genannt wird. Thematisiert wird dieser Aspekt in der Tat von nur zwei Gästen, und dies in sehr unterschiedlicher Art und Weise: Frank und Thomas benennen in ihren Interviews die Bedeutung von Familie und Familienleben nicht. Einfluss darauf hat wahrscheinlich, dass die Familienmitglieder selten gemeinsam zu Hause sind – die Gastgeschwister studieren außerhalb, die Gastväter sind aus beruflichen Gründen wenig daheim. Für Anna und Damaris ist der Wert der Familie jedoch ein wichtiger Aspekt im Zusammenleben und wird bereits früh erkannt. Bei beiden unterscheiden sich sowohl Inhalte als auch Empfindung dieser Erfahrung:

Anna erfährt die Bedeutung des Familienlebens fast uneingeschränkt positiv und fühlt sich deshalb sehr wohl. Grund dafür ist, dass sich ihre Vorstellungen von Familie und die Umsetzung dieser durch die Gastfamilie sehr ähneln: Bei ihren Gasteltern steht die Familie an erster Stelle. Das Familienleben stellt sich für sie harmonisch und entspannt dar – man achtet aufeinander, unternimmt viel gemeinsam, lässt sich aber auch Freiraum.

> Hm, (.) die nehmen sich die Zeit füreinander. (I: Hm) Auch wenn sie wenig Zeit haben, aber sie nehmen sich bestimmte Freiräume nehmen sie sich einfach und sie trennen das ganz klar. Sie trennen ganz klar Familie und Freunde. (I: Ja) Und das Wichtigste erstmal is die Familie. Und sich darum zu kümmern. Und sie (.) das nimmt für sie selber n sehr hohen Stellenwert ein. (Anna I 807:810)

Damaris betrachtet die Bedeutung des Familienlebens kritisch: Anfangs sieht sie die Bedeutung im Zwang, eine heile Familie darzustellen. Da die Gasteltern in der zweiten Familie jedoch getrennt leben, relativiert sie diese Einstellung. Die anfänglich negative Interpretation des heilen Familienlebens kann sich auch daraus ergeben, dass Damaris sich in dieser Gastfamilie zu sehr behütet fühlt. Der dominierende Aspekt ist für Damaris aber das Umsorgen der Kinder. Dies äußert sich für sie vor allem im Verwöhnen des Nachwuchses und einer daraus resultierenden Unselbstständigkeit. Dieses Verhalten ist für Damaris nicht nur unverständlich, sondern auch inakzeptabel.

> Also hier wird ja sehr viel Wert auf die Kinder gelegt, (I: Hm) also ich find der Sohn, das is so n verwöhntes Einzelkind, das geht überhaupt nich. (Lachen beide kurz) Also ich mein, ich bin selber Einzelkind, ja. Aber ich möcht nich sagen, bin ich so verwöhnt. Also die ähm, (.) ich find nich, dass sie ihre Kinder zur Selbstständigkeit erziehn. (I: Hm) Das is mir bei dem halt schon sehr früh aufgefalln. (I: Hm) Also dieses ganze - extrem viel Wert auf diesen Familienzusammenhalt legen. (Damaris I 159:164)

Neben dem Aspekt der gegenseitigen Fürsorge stimmen Anna und Damaris aber außerdem darin überein, dass die Ehe in China besonders wichtig ist.

> Weil ähm, (..) also bei mir wars so, dass sich meine, also zu Hause in Deutschland meine Eltern halt ja (.) irgendwann dann getrennt haben. So wie bei den meisten. (I: Hm) Und das auch ziemlich normal is, also in Deutschland zumindest (I: Ja) isses jetz nichts Außergewöhnliches. Hier entschuldigt sich immer jeder dafür, wenn man

> ihm sagt irgendwie, dass die Eltern sich, ganz komisch auch schon mal. (Anna I 259:263)

> Aber is halt für die Familie so dieses Höchste halt - verheiratet sein und n Kind kriegen. (Damaris I 404:405)

Damaris bewertet die Bedeutung von Familie in China als typisch. Dafür findet sie verschiedene Gründe: Die Gasteltern der ersten Familie erzählen ihr von Problemen und fehlenden Sicherheiten für die Familienmitglieder, wenn ein unverheiratetes Paar Kinder hat. Außerdem sieht sie eine traditionelle Denkweise als Einfluss auf die heutige Einstellung zur Familie an.

Anna empfindet die Bedeutsamkeit von Familie nicht zwingend als kulturell. Da sie selbst ein intaktes Familienleben nicht kennt, wie sie sagt, kommt ihr das chinesische besonders harmonisch und bedeutsam vor. Die Differenzen ergäben sich also aufgrund unterschiedlicher persönlicher Vorerfahrungen, nicht durch unterschiedliche kulturelle Werte. In Bezug auf die Ehe sieht sie die Einstellung zur Familie aber wahrscheinlich als typisch chinesisch an, wie das obige Zitat zeigt. Ebenso verhält es sich bei einem gegenseitigen Beistehen:

> Weil (.) was mich halt auch gewundert hat, is dass dann immer alle, also ich habs ja dann auch im Krankenhaus gesehen - bei andern: Da standen dann irgendwie noch fünf Patienten da mit im Arztzimmer drin. (I: Hm) Einer mit abgehakten Finger und weiß ich nich was. Und da rennt dann immer gleich die ganze Familie mit. Also es is nich so, dass dann irgendwie einer mitkommt, der die Sachen trägt oder so - das würd ich ja verstehn. Sondern (.) halt fünf Patienten und insgesamt warn da vielleicht dreißig Leute in diesem kleinen Zimmer. (Anna II 72:77)

Als typisch wertet sie auch, dass man in China aufeinander achtet und sich Freiräume lässt – denn die hohe Einwohnerzahl mache das notwendig. Wie Damaris bringt Anna außerdem traditionelle Denkweise und heutige Bedeutung des Familienlebens in China in Zusammenhang miteinander. In ihrer Gastfamilie leben drei Generationen unter einem Dach. Das Dazukommen der Großmutter hält für sie weitere interessante Aspekte bereit, wie zum Beispiel die Bedeutung der Großeltern für die Erziehung der Enkel.

Die Bedeutung der Erfahrung

In besonderem Maße ist hier die Beobachtung von Bedeutung: Da man als Gast in eine Familie mit festen Gewohnheiten und Strukturen kommt, sind Erfahrungen häufig primär zu beobachten. Auch bei Anna und Damaris ist das der Fall. Da Anna mehr gemeinsame Zeit mit ihrer Familie verbringt, nimmt sie jedoch auch aktiver am Familienleben teil. Besonders solche gemeinsamen Erlebnisse wie der Reitunfall des Gastvaters verbinden.

> Und dann sin wir halt ins Krankenhaus gefahrn, weils dann auch nich besser wurde. Und ja, wies dann so is - da rennt dann eben auch die ganze Familie mit. (.) (Lachen beide kurz) Und dann, na ja - haben wir eigentlich den ganzen Tag im Krankenhaus verbracht und dann wurde er geröntgt. (Anna II 19:21)

> Ähm, und er kann halt jetz eben auch nich - also er arbeitet jetz von zu Hause aus. Er hat dann gleich am nächsten Tag, ham wir ihm n Laptop gekauft und mit so ner Internetkarte und so. Und jetz kann er auch von zu Hause aus arbeiten, alles super, aber - ähm, wir können halt jetz auch nich irgendwie großartig so rausgehen und essen gehn zum Wochenende, wie wirs sonst immer gemacht haben (I: Ja) und Freunde treffen. (Anna II 30:35)

Deutlich zu erkennen ist in Annas Fall, dass geringe Unterschiede in den Einstellungen zu einer positiven Interpretation der Erfahrung führen. (Dies scheint zwar selbstverständlich, jedoch besteht auch die Möglichkeit, dass die Erfahrung einer neuen, von der Eigenen differierenden Denkweise als positiv angesehen wird.) Zudem macht dieser Umstand deutlich, wie wichtig die eigenen biografischen Hintergründe für die Art der Erfahrung sind.

Hier wird die dissonante Erfahrung (Damaris) mehr hinterfragt als die positive (Anna). Das kann jedoch auch daran liegen, dass Anna der Bedeutung von Familie vor allem individuelle Ursachen zuschreibt und eine Erforschung kultureller Hintergründe für sie deswegen nicht in Frage kommt.

Obwohl Thomas und Frank ein Familienleben nicht direkt thematisieren, muss dies nicht bedeuten, dass es keinen Einfluss auf sie hat. Auch die weitgehende Abwesenheit des Familienlebens kann aufschlussreich für die Bedeutung von Familie sein und wird vielleicht nur deswegen nicht zur Sprache gebracht, weil sie nicht erzählenswert erscheint und nicht als kulturell angesehen wird.

Es kann vermutet werden, dass Familienleben nicht unter dem Aspekt der Interkulturalität betrachtet wird, weil hier eine Art Familienkultur eine Rolle spielt, die sich nicht mit der im Allgemeinen als Kultur angesehenen Nationalkultur deckt.

> Als wenn man jetzt eben in ner Familie wohnt, wos eben feste Strukturn und Regeln meistens auch gibt, (I: Hm) also jetzt nich nur kulturell bedingt, sondern das is ja da auch, dann auch von Familie zu Familie eben verschieden. (I: Ja) Also, das merkt man ja jetz, das wirst du sicherlich auch dann merken, so. (Lachen beide kurz) Dass halt jeder irgendwie auch von uns jetz in ner ganz andern Familie untergebracht is und das eben ja, intern einfach nochmal ganz anders abläuft. Auch wenn wir, auch wenns alles chinesische Familien und alles Qingdao Familien sind, lebt trotzdem jeder anders. (Anna I 84:90)

Das Thema Familienleben ist für die Gäste außerdem Ausgangspunkt für Überlegungen zu politischen und situativen Rahmenbedingungen in China.

Die Veränderungen von Verhalten und Verhaltenspotential

Anna hat an dem Familienleben ihrer Gastfamilie Gefallen gefunden und sieht es sogar als Vorbild für einen späteren Lebensabschnitt an. Dies beschreibt eine wichtige Veränderung, da sie langfristig angelegt ist und außerdem neue, potentielle Handlungsweisen beschreibt. Gleichzeitig zeigt es einen Perspektivwechsel an, der ihr aber aufgrund der eigenen ähnlichen Einstellungen nicht schwer fällt. Außerdem trägt die Erfahrung eines harmonischen Familienlebens für sie zur Ausgeglichenheit bei. Eine Abschwächung ihres Stresserlebens ist somit auch vorhanden.

Damaris' Erfahrungen sind Ausgangspunkt für die Wahrnehmung weiterer Aspekte: Vor allem zum Thema Unselbstständigkeit kann sie viele Situationen beschreiben und bringt diese weiterführend damit in Verbindung, dass in China wenig hinterfragt und kritisiert wird. In Bezug darauf und auf die Bedeutung der Ehe befasst sich Damaris mit der Rolle des Staates im Leben von Chinesen. Der Vergleich zweier Gastfamilien ermöglicht ihr außerdem eine neue Bewertung ihrer bisherigen Sichtweise auf die Bedeutung von Familie. Sie ist auch bereit, ihre vorherigen Einstellungen zu relativieren. An ihrem Standpunkt zum Umsorgen der Kinder hält sie aber nach wie vor fest und findet vergleichbare Situationen:

> Und genau, mit den Kindern ähm - das denk ich immer noch. (Lacht kurz) (I: Hm) Und das hier, mit meiner Gastmutter, der Sohn der halt in Japan is, da ham, da hab ich auch das Gefühl, weil letztens - ja genau, das is gut: Letztens war sie bei der Post. Und ich hab ihr geholfen, wir haben glaub ich sechs Tüten zur Post gebracht, mit Lebensmitteln, die sie nach Japan geschickt hat. Weils irgendwie in Japan angeblich teurer is, Essen zu kaufen. (I: Hm) Irgendwie Obst und Gemüse wäre so teuer - die hat ja gar kein Obst und Gemüse geschickt, das geht ja gar nich, das wird ja schlecht. (I: Ja) Na irgendwelche Packungen mit irgendwelchen Lebensmitteln drin.

> Und dann hat sie - keine Ahnung, also wirklich diese Lebensmitteltüten oder so wie ne, dieses Ding? Irgendwie sechs oder sieben Stück davon zur Post geschickt, zur Post gebracht und das dann nach Japan geschickt, für ihren Sohn. (I: Ja) Dass der da was zu Essen hat. (Damaris II 612:621)

Der Einblick in das Familienleben ermöglicht den beiden Gästen eine Erweiterung ihres Kulturwissens zum Thema Erziehung, Generationen und Bedeutung der Ehe. Eigenkulturelle und auch fremdkulturelle Werte werden sowohl von Anna und Damaris reflektiert: Bei Anna dreht sich dies um die Einstellung zum Familienleben, bei Damaris insbesondere um die Bedeutung von und den Umgang mit Kindern.

> Und ich hab auch mal gefragt: Ja wollt ihr denn überhaupt mehr Kinder haben als eins? Weil in Deutschland isses ja n ganz großes Problem, dass die Frauen eben, einfach zu wenig Kinder bekommen. (I: Ja) Und ja natürlich wollen wir mehr als ein Kind, wir wollen gar nich, dass unser Kind alleine aufwachsen muss. Da meint ich: Wieso, die können doch mit anderen Kindern spielen. So: Nee, nee nee - wir finden besser, wenn n Kind Geschwister hat. (I: Okay, hat deine alte Gastfamilie) Ja, genau - der Gastvater war das mal. Weil ich da halt meinte: Ja wollt ihr, wollt ihr das überhaupt? (I: Ja) Is ja auch gar nich selbstverständlich für unser Denken jetzt. Und die wollen halt und die können gar nich verstehen, dass wir Europäer vielleicht Probleme damit haben. (Damaris II 679:686)

Der letzte Satz macht aber auch deutlich, dass – obwohl ihr die eigenkulturellen Einstellungen bewusst werden – Damaris eigenkulturelle Werte hier nicht relativiert, deswegen also kein Perspektivwechsel stattfindet.

4.4 Fazit: Interkulturelles Lernen in Gastfamilienaufenthalten

4.4.1 Beitrag zur Forschungsfrage: Erfahrungen, Veränderungen

Es ist erkennbar, dass sich aus den vielen unterschiedlichen Erfahrungen, welche die deutschen Gäste in ihren chinesischen Gastfamilien machten, Potential für die Erforschung von Lernprozessen in verschiedene Richtungen ergibt: Welchen Einfluss haben Empfindung und Entstehung der Erfahrung, Bedeutung im gesamten Chinaaufenthalt, äußere Bedingungen oder Wiederholungshäufigkeit auf Lernprozesse?

Die Auswahl von vier aus einer Vielzahl an Erfahrungssituationen sollte einen Einblick in die Gastfamilienaufenthalte der deutschen Gäste geben. Sie zeigt, wie wichtig die Betrachtung der konkreten Erfahrung als Auslöser von Lernprozessen ist (zum

Beispiel ‚Ausgehen' als Auslöser ausführlicher Reflexionsprozesse über indirekte Kommunikation bei Damaris). Sie macht aber gleichzeitig auch deutlich, wie unterschiedlich ähnliche Erfahrungssituationen von verschiedenen Gästen aufgenommen und verarbeitet werden (zum Beispiel Annas und Damaris Sicht auf die Bedeutung von Familie in China). Außerdem wird erkennbar, dass diese vier Erfahrungen sich in einigen Punkten überschneiden und Ausgangspunkt für viele weitere Überlegungen sind. Die Erfahrungen in den Gastfamilien und diejenigen, die außerhalb gemacht werden, sind einander häufig ähnlich und miteinander verbunden.

Die Betrachtung konkreter Lernprozesse war aufgrund der zeitlichen Einschränkung jedoch kaum möglich. Obwohl versucht wurde, durch das längsschnittliche Design Veränderungsprozesse zu dokumentieren, war dies schwierig: Einerseits zeigte sich, dass zwar neue Erfahrungen hinzukamen, sich die Sichtweisen der Gäste in der kurzen Zeit jedoch wenig veränderten. Andererseits – wurden Veränderungen doch dokumentiert – war meist kaum zu differenzieren, ob sich diese im Zeitraum von einem Monat ergeben hatten oder bereits vorher vorhanden waren und im ersten Interview nur nicht expliziert wurden. Festzustellen war aber insgesamt, dass sich innerhalb des einen Monats Gastfamilienaufenthalt die Sichtweisen festigten und geringfügig ausgebaut und angepasst wurden.

Die Dispositionsveränderungen wurden also nicht im Zeitverlauf, sondern als gesamtheitliche Auswirkungen des Familienaufenthaltes dargestellt und aus folgenden Daten zusammengefasst: Aus der subjektiven Sicht der Gäste, aus den durch die Interviews dokumentierten Veränderungen, sowie aus den Veränderungen der Sichtweisen in Bezug auf berichtete Situationen aus dem ersten Interview, die im zweiten nochmals aufgegriffen wurden. Besonders die Einzelfallanalysen machten es möglich, Dispositionskriterien ausführlich zu betrachten. Bei der fallübergreifenden Analyse wurde deutlich, dass ähnliche Erfahrungen bei den Gästen unterschiedliche Dispositionsveränderungen auslösen können (zum Beispiel Perspektivwechsel (Anna) und kein Perspektivwechsel (Damaris) in Bezug auf die Bedeutung von Familie). Aber auch viele ähnliche Veränderungen waren festzustellen, was die Bedeutung der Erfahrung selbst für die Veränderungen von Verhaltensdispositionen beweist (zum Beispiel allgemeines Unverständnis der Handlungszusammenhänge bei Mangel an Informationen).

4.4.2 Einordnung in die theoretischen Voranannahmen

Grundlagen

Zwar konnte die Erforschung und Darstellung von Veränderungs*prozessen* nicht hinreichend verfolgt werden, wohl aber die Konzentration auf das lernende Subjekt. Dies erwies sich auch als vorteilhaft, da die Betrachtung der Makro-Ebene und einer Passung von Lerner und Umwelt viele wesentliche Aspekte außer Acht gelassen hätte: Bei der Untersuchung von Franks Akkulturationsprozessen hätte sich zum Beispiel möglicherweise eine geringe Anpassung ergeben. Es wäre aber außer Acht geblieben, dass er sich auch bemüht, kulturadäquat zu handeln, und welche Kontextbedingungen seine Toleranzgrenze so beeinflussen, dass seine Bemühungen abnehmen.

Ob das Leben in Gastfamilien prinzipiell als interkulturell anzusehen ist, ist aufgrund der im theoretischen Teil explizierten Defizite des Kulturbegriffes nicht eindeutig zu klären. Da viele der Erfahrungen einerseits von den Gästen als ‚chinesisch' angesehen wurden und sich andererseits durch das Experteninterview als typisch erwiesen haben, bestätigt sich die Vermutung, dass während eines Gastfamilienaufenthaltes die Wahrscheinlichkeit interkultureller Erfahrungen sehr hoch ist. Gleichermaßen gibt der Abschnitt über den Wert des Familienlebens Hinweis auf die Bedeutung einer Familienkultur. Dementsprechend brachten die Gäste auch hin und wieder zur Sprache, dass das Leben in der Gastfamilie ‚gar nicht so anders ist' (das Leben in China aber scheinbar manchmal schon). Angenommene allgemeingültige *Familien*werte könnten Grund dafür sein, dass die Gäste angaben, sich nicht auf das Leben in einer chinesischen Gastfamilie vorbereitet zu haben und dass sie auch während des Aufenthaltes Differenzen möglicherweise minimierten.

Insbesondere in den Einzelfallanalysen hat sich die Bedeutung der Kontextbedingungen deutlich gezeigt: Die schlechte Beziehung zwischen Frank und seiner Gastfamilie beispielsweise, die vielfach auch auf zwischenmenschliche Differenzen zurückzuführen sein scheint, beeinflusst die Erfahrungen, die Frank macht, sehr stark. Im gleichen Maße wirken seine Vorerfahrungen mit China und seine Erwartungen auf die Wahrnehmung und Verarbeitung der Erfahrungen ein.

Erfahrungssituationen

Die Analyse der Einzelfälle und der fallübergreifenden Erfahrungssituationen hat gezeigt, dass mehr dissonante Erfahrungssituationen genannt werden als solche, die kein Dissonanzerleben beinhalten. Der Gastfamilienaufenthalt insgesamt wird aber, außer von Frank, nicht als negativ bewertet. Mögliche Erklärung dafür ist, dass dissonante Erfahrungen schlichtweg erzählenswerter sind, und dass das Erleben für die Gäste nicht eine solch tiefe emotionale Verunsicherung darstellt, dass der gesamte Aufenthalt beeinträchtigt wird.[14]

Außerdem wurde deutlich, dass dissonante Erfahrungen nicht zwingend förderlicher für Lernprozesse und Veränderungen von Verhaltensdispositionen sein müssen als positive Erfahrungen: Franks stark dissonante Erfahrungen führen zu einem Abnehmen der Lernmotivation. Thomas' *positive* Erfahrung der Essensgewohnheiten unterstützt einen Perspektivwechsel. Im Fall der Erfahrung Ausgehen findet eine eingehende Auseinandersetzung mit fremdkulturellen Werten und Verhaltensweisen sowohl bei dissonanten als auch nicht-dissonanten Erfahrungen nicht statt (und verhindert somit ein tieferes Verständnis der Handlungszusammenhänge).

Eine mögliche Erklärung für die Bedeutung von Dissonanzerfahrungen für interkulturelle Lernprozesse kann sein, dass positive Erfahrungen, wie im Falle von Annas Einstellung zur Bedeutung von Familie in China, vermutlich kaum als kulturell anders angesehen werden und deshalb geringere Lernprozesse auslösen, weil wenig Differenz zu überbrücken ist.

In Bezug auf die Entstehung von Erfahrungen bestätigen sich die Annahmen Taylors (1994), dass Erfahrungen handelnder Teilnahme (Interaktionen), Beobachtungen und dem Eingehen von Freundschaftsbeziehungen – hier: dem Austausch mit anderen Gastkindern – zuzuschreiben sind. Besonders der Austausch hat sich als bedeutsam erwiesen: Die Gäste berichteten im Allgemeinen über viele Erfahrungen, die sie von anderen ‚gehört' hatten, und im Besonderen von Erfahrungen der anderen Interviewpartner, die mir aus den Interviews selbst bereits bekannt waren. Eine große Anzahl der im Austausch gewonnenen Erfahrungen diente zum Vergleich und zur Interpretation der eigenen Erfahrungen in der Gastfamilie. So war allen Interviewpartnern beispielsweise die ‚Boilergeschichte' von Frank bekannt und diente ihnen quasi als kritische Interaktionssituation. Aber nicht nur die Erfahrungen selbst, sondern auch Bewertung und Interpretation derselben wurden häufig übernommen und an eigene Erfahrungen angepasst. Dies zeigt sich auch in Thomas' und Damaris' Interviews: Beide

[14] Sondern es sich eher um komische ‚Kleinigkeiten' handelt, wie die Gäste oft ausdrücken.

erzählen unabhängig voneinander von der gleichen Situation und interpretieren sie auch ähnlich.

> Und wenn zum Beispiel die Bettler ankommen, dann isses den Chinesen ja auch oft peinlich, die vertreiben dann halt die Bettler, wenn die zu uns kommen. Weil se sich halt irgendwie schämen, dass Ausländer jetz keinen schlechten Eindruck von China haben. Warn wir in nem Restaurant, und da kam n Bettler und so der Chinese am Nachbartisch, den - also die schämen sich halt auch dafür. Das sieht man dann auch so n bisschen, dass sie die halt dann auch vertreiben. (Damaris II 1013:1018)

> Is halt da, zum Beispiel wenn ähm, das gehört jetz zwar nich dazu, aber das mit diesem Gesicht bewahren von China - wenn wir hier in Taidong sind und Ausländer werden zum Beispiel angebettelt, dann kommen andere Chinesen dazu und holen den Bettler weg. (I: Aha) Damit wir bloß nich daheim rumerzähln, dass wir in China angebettelt wurden. Dass wir nich belästigt werden. (I: Ja) Wirklich, dann kommen andere fremde Leute weg, und ziehen den Bettler weg. (Thomas II 469:474)

Zentraler Aspekt vieler Erfahrungen der Gäste in ihren Familien ist, dass häufig nicht direkt kommuniziert wird. Die Gäste finden dafür viele Ausdrücke: ‚hintenrum' oder ‚unterschwellig' kommunizieren; Dinge ‚unterschieben', ‚unausgesprochen lassen', nicht ‚ansprechen' oder sich nicht ‚anmerken lassen'. Ihnen sind außerdem die Begriffe ‚indirekte Kommunikation' und ‚Gesicht' bekannt.

Die Veränderungen von Verhalten und Verhaltenspotential

Die Veränderungen sind sehr vielfältig, stark individuell geprägt und können einzeln nicht aufgeführt werden. Da aber eine Konzentration auf die Reflexion eigen- und fremdkultureller Handlungen, den Perspektivwechsel und die Kontrolle von Attributionsprozessen erfolgen sollte, wird hier eine kurze Zusammenfassung angestrebt:

Die Gäste sind sich meist ihrer eigenkulturellen Werte bewusst und vergleichen stets, wie es ‚bei uns' oder ‚in Deutschland' ist. Zeitweise betrachten sie dies kritisch und erwägen die möglichen Auswirkungen ihrer Handlungen auf ihre Interaktionspartner. In den meisten Fällen werden die fremdkulturellen Handlungen mäßig reflektiert und bewusst, aber selten allumfassend verstanden. Weil nicht immer hinreichendes Wissen über die Handlungszusammenhänge besteht, kommt es möglicherweise auch deswegen nur zu wenigen Perspektivwechseln und nicht zu einer Relativierung des eigenen Wertesystems. Der Zeitraum eines Gastfamilienaufenthaltes mag für einen umfassenden Perspektivwechsel auch zu kurz sein. Falls Wechsel stattfinden, handelt es sich in der Regel um solche, die nicht schwer fallen, weil entweder die Differenzen nicht so groß erscheinen (Anna) oder es sich um Alltagsrelevantes handelt, das offensichtlicher ist und nicht so tiefgreifende Veränderungen mit sich bringt (Thomas).

Die Betrachtung von Attributionsprozessen gestaltete sich als schwierig: Die Fähigkeit zur isomorphen Attribution, die für Lernprozesse sehr wichtig ist, ließ sich kaum nachweisen. In den Einzelfallanalysen hätte verifiziert werden müssen, ob die genannten Aspekte des fremdkulturellen Orientierungssystems tatsächlich Ursache für die Verhaltensweise waren; dies war objektiv jedoch nicht möglich. In der fallübergreifenden Analyse wurde zwar überprüft, ob es sich um eine *interkulturelle* Erfahrung handelte. Aber auch hier ergab sich folgendes Problem: Eine Ursachenzuschreibung kann unterschiedlich tiefgründig sein: Wenn die Gäste verschiedenes Verhalten der Gasteltern, wie ständiges ‚Versorgen' mit Nahrung oder unbedingtes Beachten des Gesundheitsaspektes der Speisen auf die Bedeutung des Essens zurückführen, attribuieren sie isomorph. Wenn jedoch erklärt werden soll, warum Essen in China so wichtig ist, wäre dies eine tiefer gehende Attribution – diese findet jedoch bei den fallübergreifenden Erfahrungen nicht hinreichend statt – und somit besteht oft kein umfassendes Verständnis fremdkultureller Handlungszusammenhänge.[15]

In Bezug auf die Attributionsprozesse kann also nur folgendes festgestellt werden: Die Gäste nennen viele Erfahrungen, in denen ihnen eine gleiche kulturell bedingte Verhaltensweise auffällt. Das heißt, diese Erfahrungen werden in ein gleiches Attributionsschema eingeordnet. Der Aufbau von Schemata ist für den Lernfortschritt wichtig.

---

[15] Interessant wäre hier eine eingehendere Betrachtung des Kausalzusammenhanges zwischen Perspektivwechsel und isomorpher Attribution. Häufig wird der Perspektivwechsel als Voraussetzung für isomorphe Attributionsfähigkeit gesehen. Das Verständnis fremdkultureller Handlungszusammenhänge für die Fähigkeit zur kulturadäquaten Erklärung ist einleuchtend. Jedoch würde ich dieses ‚Verständnis' nicht gleichbedeutend mit einer Relativierung des eigenkulturellen Wertesystems sehen. Meint dieses Verständnis ‚Nachvollziehbarkeit', so kann dies wohl eine Relativierung des eigenkulturellen Orientierungssystems sein. Jedoch muss es sich nicht zwingend darum handeln; das Wissen um Handlungszusammenhänge kann auch ausreichend für isomorphe Attribution sein: Führt man zum Beispiel Verhalten (korrekt) auf Konfliktvermeidung zurück (Beispiel Frank), weil dies irgendwo gehört oder gelernt wurde, ist dies eine adäquate Ursachenzuschreibung; lehnt man Konfliktvermeidung für sich als ‚absurd' ab, markiert dies keinen Perspektivwechsel.

Da die Gäste außerdem bei den fallübergreifenden Erfahrungssituationen die Erfahrung meist in korrekter Weise kulturellen und nicht persönlichen Ursachen zuschreiben, sind diesbezüglich Attributionsfehler weniger nachzuweisen.

Franks Fall zeigt aber auch, dass sich in Bezug auf seine Attributionsprozesse nur teilweise positive Veränderungen ergaben. Seine Ausprägung von Stereotypen, und vor allem die von Vorurteilen, lässt gar auf negative Lernprozesse schließen: Während Stereotype den kognitiven Aspekt der Zuschreibung von Merkmalen zu einer Person aufgrund ihrer Gruppenzugehörigkeit beschreiben, ist ‚Vorurteil' als affektiver Aspekt mit einer negativen Bewertung von Gruppen verbunden (Jonas/Schmid Mast 2007, 69).

In der fallübergreifenden Analyse war eine stereotype Wahrnehmung nur schwer zu analysieren, weil die Annahme einer interkulturellen Erfahrung in gewissem Maße bereits voraussetzt, dass es sich hier auch um ein Merkmal handelt, das den Mitgliedern dieser Gruppe aufgrund ihrer Gruppenzugehörigkeit zugeschrieben wurde. Das allgemein häufige Auftreten von Ausdrücken wie ‚typisch chinesisch', oder ‚so ist das in China' in den Interviews legt aber nahe, dass in vielen Fällen Stereotype bestehen.

Während Franks Vorurteile als negative Lernprozesse zu verstehen sein können, ist das bei Stereotypen nicht zwingend der Fall. Bereits 1969 wurden diese von Tajfel frei von jeglicher Wertung als „Bemühungen unseres kognitiven Apparates [verstanden; Anmerkg. G.L.], mit der unendlichen Reizvielfalt fertig zu werden, vor die uns unsere Umwelt stellt" (in Jonas/Schmid Mast 2007, 69).

Es lassen sich folgende weitere Dispositionsveränderungen finden: Die Gäste eignen sich insgesamt viele konkrete Wissensinhalte an, wie besonders die fallübergreifende Analyse zeigt. Auch verhaltensbezogene Änderungen treten auf. Es sind zudem affektive Dispositionsveränderungen zu finden, die vor allem die Gäste selbst einschätzten: Obgleich bei den Einzelfallanalysen nicht expliziert, da diese einen anderen Schwerpunkt hatten, sprechen alle Interviewpartner Lockerheit oder Flexibilität als einen Hauptaspekt der Auswirkungen ihres Gastfamilienaufenthaltes an. Dies hat, wie die Gäste auch selbst benennen, eine Steigerung der Ambiguitätstoleranz zur Folge. Ähnliche Veränderungen beziehen sich auf Ausgeglichenheit und Reduktion von Stress. Obwohl letzteres bei Frank aufgrund seiner dissonanten Erfahrungen nicht festgestellt werden kann, zeigt sich aber bei ihm ein gestiegenes Selbstbewusstsein. Alle diese affektiven Kriterien wirken sich positiv auf die persönliche Sicherheit im Umgang mit Gastlandsangehörigen aus. (Hierbei steht nicht zur Debatte, ob dieser Umgang deshalb auch erfolgreicher oder angemessener ist.)

Schlussfolgerungen

Konkrete Erfahrungssituationen sind aufschlussreich für Lernprozesse, jedoch nicht ohne das lernende Subjekt und seine Kontextbedingungen in den Mittelpunkt zu stellen. Veränderungen von Verhaltensdispositionen wurden festgestellt, diese sind jedoch selten umfassend. Möglicherweise war dafür auch der Gastfamilienaufenthalt (beziehungsweise die Längsschnittstudie) zu kurz. Zudem könnte eine Familienkultur Einfluss auf Lernprozesse haben: Die oben kurz aufgegriffene mögliche Minimierung kultureller Differenzen (sowohl wirklich als auch angenommen) könnte einerseits einen negativen Einfluss auf die Lernmotivation haben, andererseits aber auch den Kulturkontakt ‚vertrauter' erscheinen lassen.

Von einer ‚positiven Wirkungshypothese' kann in diesen Gastfamilienaufenthalten aber nicht generell gesprochen werden. Zwar nannten alle Gäste positive Auswirkungen und bereuten den Gastfamilienaufenthalt nicht. Es wurden jedoch erstens auch dissonante Erfahrungen und negative Lernprozesse festgestellt und zweitens wären zum Teil weitreichendere Veränderungen wünschenswert gewesen. Inwiefern stattgefundene Veränderungen also auch als langfristig zu bezeichnen sind, ist fragwürdig.

Gleichermaßen ist die Intensität eines solchen Kulturkontaktes nicht eindeutig zu klären: Die hohe Wahrscheinlichkeit interkultureller Erfahrungen während eines Familienaufenthaltes legt dies zwar nahe. Bis auf Annas Fall findet aber keine tiefgehende Einbindung in das Familienleben statt und erscheint auch nicht unbedingt gewünscht. Die Gäste haben in der Regel wenig Kontakt mit der Gastfamilie. Wahrscheinlich ist, dass das Alter der Gäste und der Entschluss zu einem Gastfamilienaufenthalt, der den Gästen im Rahmen des Auslandsaufenthaltes nicht so bedeutsam erscheint, eine Rolle spielen. Obwohl die Interviewteilnehmer ihrem Gastfamilienaufenthalt selbst im Rahmen ihres Chinaaufenthaltes bewusst nicht übermäßig viel Bedeutung beimessen, hat sich ergeben, dass er in Bezug auf Veränderungen während des Chinaaufenthaltes doch durchaus Gewicht hat.

Wie die fallübergreifende Analyse deutlich macht, hängt dies wahrscheinlich damit zusammen, dass die Erfahrungen – wie Ausgehen, Essen, Mangel an Informationen und Familienleben – wiederholt gemacht und als ‚hartnäckig' empfunden werden:

Die Besonderheit von Gastfamilienaufenthalten liegt also nicht in einer Intensität des Zusammenlebens, sondern in einer Intensität, die sich aus *Kontinuität* ergibt und damit differente Erfahrungen auffallend macht und als Lernmotor wirkt.

5. Diskussion und Ausblick

Zu Beginn möchte ich mich kritisch mit den inhaltlichen Aspekten befassen, um anschließend einen Ausblick auf weiterführende Forschungsfragen zu geben.

Die Beobachtungsprotokolle von meiner Gastfamilie und die Beobachtungsprotokolle von zwei der vier Gäste wurden aus Zeit- und Platzgründen nicht in die Auswertung einbezogen. Auch die Interviewprotokolle und Notizen der Kennenlerntreffen fanden nicht explizit Eingang in die Ergebnisdarstellung, wurden jedoch analysiert. Bei den letzten beiden Datenformaten bestand für mich das Problem der Darstellung von Texten, die nicht direkt Zitate der Interviewteilnehmer sind und deswegen als Belege in der Ergebnisdarstellung wenig geeignet erscheinen. Obwohl im Rahmen dieser Studie das umfangreiche Material nicht komplett ausgewertet und einbezogen werden konnte, trug es ein großes Stück dazu bei, mehr über Gastfamilienaufenthalte zu erfahren, erweiterte und festigte das Gesamtbild.

Kritisch angemerkt sei außerdem folgender inhaltlicher Aspekt, der ein Dilemma sowohl für Forscher als auch Untersuchungsobjekt darstellt: Die Normalität, die dieser Ausschnitt aus dem Leben, hier der Gastfamilienaufenthalt, beschreibt, sollte analysiert werden. Erzählenswertes ist in der Regel aber Außergewöhnliches; außergewöhnlich ist jedoch meist nicht, was alltäglich passiert. Die Brüche im Alltagsleben, die das Außergewöhnliche zudem meist ausmachen, sind verständlicherweise häufig Probleme und Konflikte. Es gestaltet sich also als schwierig, in Auswertung und Ergebnisdarstellung nicht den Fokus auf Besonderes zu lenken – und lenken zu wollen.

Es zeigte sich zudem häufig, dass Zusammenfassungen oder Verallgemeinerungen – für Erkenntnisse in Bezug auf die Forschungsfrage und aufgrund des Rahmens einer solchen Studie – notwendig waren, obwohl eine eingehendere Auseinandersetzung mit dem Individuum wünschenswert und noch aufschlussreicher gewesen wäre, vor allem in Bezug auf die individuellen Dispositionsveränderungen.

Aus der Ergebnisdarstellung und dem Material ergibt sich viel Potential für weitere Forschung: Zunächst wäre es wünschenswert, den Einfluss des Erfahrungsaustausches (vor allem mit anderen Gastkindern) und die mögliche Rolle einer Familienkultur zu vertiefen. Letztere hat anscheinend besondere Bedeutung für den Gastfamilienaufenthalt und die dort stattfindenden Lernprozesse und sollte deshalb eingehender untersucht werden: Einerseits werden Aspekte wie Rollenverteilung (Eltern-Kind) und Familienwerte (Fürsorge) in dieser Studie deutlich, die auf ihr Vorhandensein schließen lassen, andererseits wird ihr Bestehen von den Gästen selbst angenommen. Beides kann das Differenzerleben und damit das Auslösen von Lernprozessen beeinflussen. Familienkultur kann zudem in unterschiedliche Richtungen erforscht werden: Was bedeuten eine ‚Kultur' innerhalb der Gastfamilie, eine typische Familienkultur Chinas oder eine Kultur, die nationenübergreifend gleiche zentrale Werte hat?

Folgende Phänomene sollten noch weiter erforscht werden: Die Bedeutung der Vermittlungsorganisation wurde im Theorieteil bereits angedeutet, während des Forschungsprozesses selbst hat sich dies bestätigt. Gastkinder lernten sich durch organisierte Treffen kennen und pflegten häufigen Kontakt, die Organisation war häufig Ansprechpartner für Probleme oder gar Vermittler zwischen Gast und Familie. Vor allem in Bezug auf die Privatsphäre wurde die Rolle der Organisation deutlich: Zwei der Gäste wunderten sich, dass die Familien ihre Zimmer (teilweise auch nach Aufforderung) nicht betraten und überlegten, ob dies typisch chinesisch sei. Dieses Verhalten, so wurde im Experteninterview deutlich, eigneten sich die Gastfamilien jedoch höchstwahrscheinlich nur auf Nachdruck der Vermittlungsorganisation an, ihrem ausländischen Gast so viel Privatsphäre wie möglich zu lassen.

Der Einfluss vorheriger ausländischer Gäste in den chinesischen Gastfamilien wäre im gleichen Maße notwendig zu betrachten, wie auch die Vorerfahrungen meiner Interviewpartner in die Auswertung einbezogen wurden. Außerdem ließ sich besonders bei Damaris erkennen, dass sie dem Verhalten ihrer zweiten Gastfamilie viel Einfluss vorheriger Gäste – vor allem im Bezug auf Toleranz und Gewohnheit ihrer Gastmutter – zuschrieb.

Zudem konnten Sprachkenntnisse aufgrund der Fragestellung nicht hinreichend in die Auswertung einbezogen werden, obwohl sie sich in der theoretischen Auseinandersetzung als bedeutsam herausgestellt haben. Hin und wieder thematisierten die Gäste in den Interviews den Einfluss von Sprachkenntnissen auf die Verständigung. Die Beobachtungen, die ich in meiner eigenen Familie machte, wie auch die Beobachtungen der zwei Gäste in Interaktion mit ihren Familien, ließen zudem vermuten, dass Sprachbarrieren vorhanden waren und Charakter sowie Ergebnis der Kommunikation auch stark beeinflussten. Wie dies zeigt, wäre ein solcher Einfluss möglicherweise auch besser außerhalb einer subjektiven Einschätzung, mit Hilfe des Einsatzes anderer Methoden – wie einer Beobachtung – herauszufinden.

Zuletzt wäre unabhängig davon natürlich eine empirische Untersuchung, welche die Gastfamilien und deren Sicht in den Mittelpunkt stellt, von besonderem Wert. Neben allgemeinen Erkenntnissen, welche die Defizite von Studien über Gastfamilienaufenthalte in China noch immer notwendig machen, würde eine solche Studie Wissenswertes im direkten Vergleich mit den Gästen bringen: Mein bisheriges Forschungsdesign umgeht leider nicht die Problematik eines Selbstdarstellungsbedürfnisses, welches in Interviews oftmals vorhanden ist. Auch Erinnerungsfehler der Interviewteilnehmer sind nicht auszuschließen. Eine Betrachtung beider Seiten der Akteure in Gastfamilienaufenthalten wäre demnach insgesamt von Nutzen.

Das Leben in einer Gastfamilie ist also ein spannendes Thema, zu dem es nach wie vor viel zu untersuchen gibt – und das in der interkulturellen Forschung weiterhin Beachtung finden sollte.

Literaturverzeichnis

Bachner, D. J.; Zeutschel, U. (2009a): Students of Four Decades: Langzeitwirkungen im transatlantischen Schüleraustausch. Online verfügbar unter: http://www.bundes forum.de/fileadmin/dokumentationen/2009/NRW/1_MS_Langzeitwirkungen_Ju gendaustausch_2009-02-05.pdf, zuletzt geprüft am 26.11.2009.

Bachner, D. J.; Zeutschel, U. (2009b): Students of Four Decades. Participants' Reflections on the Meaning and Impact of an International Homestay Experience. Münster, New York, München u. a.: Waxmann.

Beer, B. (2003a): Einleitung: Feldforschungsmethoden. In: Beer, B. (Hg.): Methoden und Techniken der Feldforschung. Berlin: Dietrich Reimer, S. 9–32.

Beer, B. (2003b): Systematische Beobachtung. In: Beer, B. (Hg.): Methoden und Techniken der Feldforschung. Berlin: Dietrich Reimer, S. 119–142.

Bennett, J.; Bennett, M. (2006): Developing Intercultural Sensivity. An Integrative Approach to Global and Domestic Diversity. In: Landis, D.; Bennett, J.; Bennett, M. (Hg.): Handbook of Intercultural Training. Third Edition. London, New Delhi: Thousand Oaks: Sage, S. 147–163.

BMF (Bundesministerium für Bildung und Forschung): Internationalisierung des Studiums. Ausländische Studierende in Deutschland. Deutsche Studierende im Ausland. Online verfügbar unter: www.bmbf.de/pub/internationalisierung_des_ studiums_2005.pdf, zuletzt geprüft am 26.11.2009.

Böhm, A. (2007): Theoretisches Codieren: Textanalyse in der Grounded Theory. In: Flick, U.; Kardorff, E. von; Steinke, I. (Hg.): Qualitative Forschung. Ein Handbuch. 7. Aufl. Reinbek bei Hamburg: Rowohlt, S. 475–485.

Bolten, B. (2003): Interkulturelle Kompetenz. Erfurt: Landeszentrale für politische Bildung.

Cartier, M. (1995): Nuclear versus Quasi-Stem families: The new Chinese family model. In: Journal of family history, H. 20 (3), S. 307–327.

Chen, H. (2003): Konfuzianismus erleben. Rappweiler: Reise Know-How.

Dimpflmaier, J. (1988): Möglichkeiten und Grenzen interkulturellen Lernens aus der Sicht der Schülerresultate aus einer Beobachtungsstudie. In: Thomas, A. (Hg.): Interkulturelles Lernen im Schüleraustausch. Saarbrücken: Verlag breitenbach Publishers, S. 101–121.

Ehnert, I. (2007): Evaluation. In: Straub, J.; Weidemann, A.; Weidemann, D. (Hg.): Handbuch interkulturelle Kommunikation und Kompetenz. Grundbegriffe – Theorien – Anwendungsfelder ; mit Tabellen. Stuttgart: Metzler, S. 439–450.

Flick, U. (2007): Design und Prozess qualitativer Forschung. In: Flick, U.; Kardorff, E. von; Steinke, I. (Hg.): Qualitative Forschung. Ein Handbuch. 7. Aufl. Reinbek bei Hamburg: Rowohlt, S. 252–265.

Fuß, T.; Busse, G.; Langenhoff, G. (2004): Gelernt, an sich zu glauben. In: Zeutschel, U. (Hg.): Jugendaustausch – und dann…? Erkenntnisse und Folgerungen aus Wirkungsstudien und Nachbetreuungsangeboten im internationalen Jugendaustausch. Bergisch-Gladbach: Thomas-Morus-Akad. Bensberg, S. 63–74.

Glaser, E. (2005): Fremdsprachenkompetenz in der interkulturellen Zusammenarbeit. In: Thomas, A.; Kinast, E. -U; Schroll-Machl, S. (Hg.): Handbuch interkulturelle Kommunikation und Kooperation. Band 1: Grundlagen und Praxisfelder. Mit 14 Tabellen. 2., überarb. Aufl. Göttingen: Vandenhoeck & Ruprecht, S. 74–93.

Gläser, J.; Laudel, G. (2006): Experteninterviews und qualitative Inhaltsanalyse. 2. Aufl. Wiesbaden: VS Verlag für Sozialwissenschaften.

Gry Troll, S. (2008): Alles über Arbeitsaufenthalt, Au-Pair, Sprachreisen, Praktikum, Studienaufenthalt, Homestay, Erlebnisreisen im Ausland. Ehingen: Troll.

Gupta, K. (2001): Miteinander leben – voneinander lernen: Interkulturelles Lernen im internationalen einjährigen Jugendaustausch. Darstellung ausgewählter Aspekte des Zusammenlebens einer Austauschjugendlichen und ihrer Gastfamilie. Diplomarbeit. Oldenburg.

Hammer, M. (2005): Die Educational Results Study – Interkulturelle Sensibilität auf dem Prüfstand. In: Horizonte, S. 10–15.

Hansel, B.; Grove, N. (1986): International Student Exchange Programs – Are the Educational Benefits Real? In: NASSP Bulletin, H. 70, S. 84–90.

Hatzer, B.; Layes, G. (2005): Interkulturelle Handlungskompetenz. In: Thomas, A.; Kinast, E.-U.; Schroll-Machl, S. (Hg.): Handbuch interkulturelle Kommunikation und Kooperation. Band 1: Grundlagen und Praxisfelder. Mit 14 Tabellen. 2., überarb. Aufl. Göttingen: Vandenhoeck & Ruprecht, S. 138–148.

Helfferich, C. (2005): Die Qualität qualitativer Daten. Manual für die Durchführung qualitativer Interviews. 2. Aufl. Wiesbaden: VS Verlag für Sozialwissenschaften.

Jonas, K.; Schmid Mast, M. (2007): Stereotyp und Vorurteil. In: Straub, J.; Weidemann, A.; Weidemann, D. (Hg.): Handbuch interkulturelle Kommunikation und Kompetenz. Grundbegriffe – Theorien – Anwendungsfelder ; mit Tabellen. Stuttgart: Metzler, S. 69–75.

Kammhuber, S. (2000): Interkulturelles Lernen und Lehren. 1. Aufl. Wiesbaden: Dt. Univ.-Verl.

Kinast, E.-U. (2005): Evaluation interkultureller Trainings. In: Thomas, A.; Kinast, E.-U.; Schroll-Machl, S. (Hg.): Handbuch interkulturelle Kommunikation und

Kooperation. Band 1: Grundlagen und Praxisfelder. Mit 14 Tabellen. 2., überarb. Aufl. Göttingen: Vandenhoeck & Ruprecht, S. 205–216.

Kowal, S.; O'Connell, D. C. (2007): Zur Transkription von Gesprächen. In: Flick, U.; Kardorff, E. von; Steinke, I. (Hg.): Qualitative Forschung. Ein Handbuch. 7. Aufl. Reinbek bei Hamburg: Rowohlt, S. 437–447.

Landis, D.; Bennett, J.; Bennett, M. (Hg.) (2006): Handbook of Intercultural Training. Third Edition. London, New Delhi: Thousand Oaks: Sage.

Lauterbach, G. (2009): Deutsche in China: Erfahrungen in Gastfamilien. Eine Fragebogenstudie. Unveröffentlichte Projektarbeit. Zwickau.

Layes, G. (2007): Kritische Interaktionssituationen. In: Straub, J.; Weidemann, A.; Weidemann, D. (Hg.): Handbuch interkulturelle Kommunikation und Kompetenz. Grundbegriffe – Theorien – Anwendungsfelder ; mit Tabellen. Stuttgart: Metzler .

Leenen, W. R. (2007): Interkulturelles Training: Psychologische und pädagogische Ansätze. In: Straub, J.; Weidemann, A.; Weidemann, D. (Hg.): Handbuch interkulturelle Kommunikation und Kompetenz. Grundbegriffe – Theorien – Anwendungsfelder ; mit Tabellen. Stuttgart: Metzler, S. 773–784.

Lew, W. (1998): Understanding the Chinese Personality. New York: The Edwin Mellen Press.

LIJAP (2005): Langzeitwirkungen von internationalen Jugendaustauschprogrammen auf die Persönlichkeitsentwicklung. Online verfügbar unter: http://www.jugendaustausch-langzeitwirkungen.de, zuletzt geprüft am 26.11.2009.

Lucius-Hoene, G.; Deppermann, A. (2004): Rekonstruktion narrativer Identität. Ein Arbeitsbuch zur Analyse narrativer Interviews. 2. Aufl. Wiesbaden: VS Verlag für Sozialwissenschaften.

Mayer, T. (2002): I-Learning statt E-Learning. Ein integratives und universelles Modell für Lernsysteme jenseits von Schulbank und Seminarraum, Multimedia und Internet. Dissertation. Erlangen.

Mayring, P. (2000): Qualitative Inhaltsanalyse. Grundlagen und Techniken. 7. Aufl. Weinheim, Basel: Beltz Verlag.

Nothnagel, S. (2005): Spuren eines Auslandsaufenthaltes im Leben und in Lebensentwürfen junger Erwachsener. Eine qualitative Untersuchung von Erzählungen über Au-Pair Auslandsaufenthalte. Magisterarbeit. Chemnitz.

Philipp, S. (2003): „Was sagen Sie, nachdem Sie sich begrüßt haben?“ – Eine kommunikationspsychologische Untersuchung zu Kommunikationsstörungen in interkulturellen Erst-Kontakt-Situationen. In: Interculture Online, Jg. 2003, H. 6, S. 1–23.

Schlehe, J. (2003): Formen qualitativer ethnografischer Interviews. In: Beer, B. (Hg.): Methoden und Techniken der Feldforschung. Berlin: Dietrich Reimer, S. 71–94.

Schmidt, C. (2007): Analyse von Leitfadeninterviews. In: Flick, U.; Kardorff, E. von; Steinke, I. (Hg.): Qualitative Forschung. Ein Handbuch. 7. Aufl. Reinbek bei Hamburg: Rowohlt, S. 447–456.

Straub, J. (2007): Kompetenz. In: Straub, J.; Weidemann, A.; Weidemann, D. (Hg.): Handbuch interkulturelle Kommunikation und Kompetenz. Grundbegriffe – Theorien – Anwendungsfelder ; mit Tabellen. Stuttgart: Metzler, S. 35–46.

Taylor, E. W. (1994): Intercultural Competency: A Transformative Learning Process. In: Adult Education Quarterly, H. 44 (3), S. 154–174.

Terbeck, T. (2009): Handbuch Fernweh. Der Ratgeber zum Schüleraustausch. 8. Aufl. Selm-Cappenberg: Weltweiser.

Thomas, A. (1988): Interkulturelles Lernen im Schüleraustausch – Abschlußbericht über eine Beobachtungsstudie. In: Thomas, A. (Hg.): Interkulturelles Lernen im Schüleraustausch. Saarbrücken: Verlag breitenbach Publishers, S. 17–76.

Thomas, A. (2004): Interkulturelles Lernen im Lebenslauf. In: Zeutschel, U. (Hg.): Jugendaustausch – und dann…? Erkenntnisse und Folgerungen aus Wirkungsstudien und Nachbetreuungsangeboten im internationalen Jugendaustausch. Bergisch-Gladbach: Thomas-Morus-Akad. Bensberg, S. 31–46.

Thomas, A. (2005a): Das Eigene, das Fremde, das Interkulturelle. In: Thomas, A.; Kinast, E.-U.; Schroll-Machl, S. (Hg.): Handbuch interkulturelle Kommunikation und Kooperation. Band 1: Grundlagen und Praxisfelder. Mit 14 Tabellen. 2., überarb. Aufl. Göttingen: Vandenhoeck & Ruprecht, S. 44–59.

Thomas, A. (2005b): Interkulturelle Wahrnehmung, Kommunikation und Kooperation. In: Thomas, A.; Kinast, E.-U.; Schroll-Machl, S. (Hg.): Handbuch interkulturelle Kommunikation und Kooperation. Band 1: Grundlagen und Praxisfelder. Mit 14 Tabellen. 2., überarb. Aufl. Göttingen: Vandenhoeck & Ruprecht, S. 94–116.

Vollhardt, J. (2004): Positive Auswirkungen interkultureller Kontakte auf monokulturelle Personen – am Beispiel zur Fähigkeit der Vornahme situationsadäquater Attributionen. Diplomarbeit. Köln. Informationen online unter: http://www.ausgetauscht.de/forum/3669.htm, zuletzt geprüft am: 26.11.2009

Wang, M. (2000): Turning bricks into jade: Critical incidents for mutual understanding among Chinese and Americans. Yarmouth: Intercultural Press.

Ward, C. (1996): Acculturation. In: Landis, D.; Bhagat, R. S. (Hg.): Handbook of Intercultural Training. 2nd Edition. London, New Delhi: Thousand Oaks: Sage, S. 124–147.

Weidemann, D. (2004): Interkulturelles Lernen. Erfahrungen mit dem chinesischen 'Gesicht': Deutsche in Taiwan. Bielefeld: transcript-Verl. (Kultur und soziale Praxis).

Weidemann, D. (2007): Akkulturation und interkulturelles Lernen. In: Straub, J.; Weidemann, A.; Weidemann, D. (Hg.): Handbuch interkulturelle Kommunikation und Kompetenz. Grundbegriffe – Theorien – Anwendungsfelder; mit Tabellen. Stuttgart: Metzler, S. 488–498.

Wetzel, B. (2004): Austauscherfahrung – und was kommt dann? In: Zeutschel, U. (Hg.): Jugendaustausch – und dann...? Erkenntnisse und Folgerungen aus Wirkungsstudien und Nachbetreuungsangeboten im internationalen Jugendaustausch. Bergisch-Gladbach: Thomas-Morus-Akad. Bensberg, S. 91–96.

Yi, C.-C.; Hsiung, R.-M. (1997): Der Einfluss von sozialen Netzwerken auf die Partnerwahl und bildungshomogame Eheschließung in Taiwan: Eine Analyse von Heiratsvermittlern. In: Nauck, B.; Schönpflug, U. (Hg.): Familien in verschiedenen Kulturen. Stuttgart: Ferdinand Enke Verlag (13), S. 25–43.

Zeutschel, U. (Hg.) (2004): Jugendaustausch – und dann...? Erkenntnisse und Folgerungen aus Wirkungsstudien und Nachbetreuungsangeboten im internationalen Jugendaustausch. Bergisch-Gladbach: Thomas-Morus-Akad. Bensberg.

Zhou, C.; Chen, G. (2009): The challenges of Cross-Cultural Adjustment: A Study of Secondary Chinese Students in Australia (Homestay Experience). Online verfügbar unter: http://www.isana.org.au/cross-cultural-communication/the-challenges-of-cross-cultural-adjustment.html, zuletzt geprüft am 26.11.2009.

Abonnement

Hiermit abonniere ich die Reihe **Kultur – Kommunikation – Kooperation (ISSN 1869-5884),** herausgegeben von Gabriele Berkenbusch und Katharina von Helmolt,

❒ ab Band # 1

❒ ab Band # ___

❒ Außerdem bestelle ich folgende der bereits erschienenen Bände:
#___, ___, ___, ___, ___, ___, ___, ___, ___, ___, ___, ___

❒ ab der nächsten Neuerscheinung

❒ Außerdem bestelle ich folgende der bereits erschienenen Bände:
#___, ___, ___, ___, ___, ___, ___, ___, ___, ___, ___, ___

❒ 1 Ausgabe pro Band ODER ❒ ___ Ausgaben pro Band

Bitte senden Sie meine Bücher zur versandkostenfreien Lieferung innerhalb Deutschlands an folgende Anschrift:

Vorname, Name: ______________________________

Straße, Hausnr.: ______________________________

PLZ, Ort: ______________________________

Tel. (für Rückfragen): ______________ *Datum, Unterschrift:* ______________

Zahlungsart

❒ *ich möchte per Rechnung zahlen*

❒ *ich möchte per Lastschrift zahlen*

bei Zahlung per Lastschrift bitte ausfüllen:

Kontoinhaber: ______________________________

Kreditinstitut: ______________________________

Kontonummer: ______________ Bankleitzahl: ______________

Hiermit ermächtige ich jederzeit widerruflich den *ibidem*-Verlag, die fälligen Zahlungen für mein Abonnement der Reihe **Kultur – Kommunikation – Kooperation** von meinem oben genannten Konto per Lastschrift abzubuchen.

Datum, Unterschrift: ______________________________

Abonnementformular entweder **per Fax** senden an: **0511 / 262 2201** oder 0711 / 800 1889
oder als **Brief** an: *ibidem*-Verlag, Julius-Leber Weg 11, 30457 Hannover oder
als **e-mail** an: **ibidem@ibidem-verlag.de**

***ibidem*-Verlag**
Melchiorstr. 15
D-70439 Stuttgart
info@ibidem-verlag.de

www.ibidem-verlag.de
www.ibidem.eu
www.edition-noema.de
www.autorenbetreuung.de

Zeitfracht Medien GmbH
Ferdinand-Jühlke-Straße 7
99095 Erfurt, Deutschland
produktsicherheit@kolibri360.de